Isabel Stilwell
Ana Stilwell

245,57€ de teléfono

Diario de una madre/Diario de una hija

Texto Editores
www.textoeditores.com

TÍTULO
245,57 euros de teléfono - Diario de una madre/Diario de una hija

TÍTULO ORIGINAL
245,57€ de telefone – Diário de uma Mãe/Diário de uma Filha

AUTORAS
Isabel Stilwell Y Ana Stilwell

EDITOR
TEXTO EDITORES S.L.

TRADUCCIÓN
Sol de La Guardia Escardó

DISEÑO GRÁFICO
SECTOR CREATIVO TEXTO *Orlando Gaspar*

ILUSTRACIÓN CREATIVA
Alain Gonçalves

PAGINACIÓN
SECTOR DE PAGINACIÓN TEXTO

IMPRESIÓN Y ACABADO
ROLO & FILHOS – ARTES GRÁFICAS, LDA.

DIRECCIONES

Calle López de Hoyos, 35, piso 1°
28002 Madrid, España

Teléfono: + 34 91 745 74 33
+ 34 91 745 74 34
Fax: + 34 91 745 99 99

INTERNET
Página web: www.textoeditores.com
E-mail: info@textoeditores.com

Madrid, septiembre 2005 • 1ª Edición • 1ª Tirada
ISBN 84-96500-25-X • DEPÓSITO LEGAL n.º 225864/05

Texto Editores
www.textoeditores.com

Para mi Ballena,
de Ana Stilwell Ferreira da Fonseca

Para mi padre, que enseña el nombre de las flores
a los niños que juegan en los jardines del Paraíso

IS

La cuenta de teléfono era la misma, pero lo que cada una escribió en su diario acerca de ella era completamente diferente.

La madre escribe un diario.
Escribe sobre lo que le indigna, lo que le hace feliz, arroja sus dudas y angustias de «vieja» de 38 años y de madre de una adolescente.

La hija escribe un diario.
Escribe sobre lo que le indigna, lo que le hace feliz, arroja sus dudas y angustias de adolescente y de hija.

Viven en la misma casa, son prisioneras de las mismas hormonas, conocen y se cruzan a la misma gente pero, lo que escriben es completamente diferente. Entre, comience a leer y verá como 245,57€ de teléfono determinan la diferencia entre dos generaciones.

14 de febrero

¡Hoy he sido extremadamente simpática con mi querida madre! Mañana le tengo que pedir que me deje salir por la noche, dudo mucho que la convenza pero en fin, voy a intentarlo. Sí, porque mi madre con la manía de las persecuciones, los raptos, etc. no entra mucho en el tema de las discotecas, y mucho menos con hijas dentro. Mi madre es la típica que hace todo lo posible por ser la madre comprensiva que viene en los libros, pero luego tiene miedo de ser demasiado comprensiva. Por eso unas veces deja y otras no deja... Lo que la convierte en un ser completamente imprevisible. Ahora, en lo que no es imprevisible es en las preguntitas que hace antes de dejar hacer sea lo que sea ... ¡Ah, si! Ya se las sabe de memoria. Con quién vas, quién te trae, quién te lleva... y quién hay allí. Y no pregunta más únicamente por si acaso estará siendo una madre demasiado liberal, una madre conservadora o, simplemente, el prototipo de madre pesada.

En lo que respecta a mi padre... con él no hay problema: deja las preguntitas para mi madre. Lo que para mí está perfecto porque, al menos, sólo tengo que esforzarme en convencer a uno. Es un padre genial y le adoro. Es divertido y puede que no pase mucho tiempo en casa, pero el poco que pasa siempre se está riendo. Claro que también grita de vez en cuando. ¡Y no muy bajo que digamos!

Mi hermano es un extraterrestre – no hablamos la misma lengua fijo, todo lo que hace o dice me pone nerviosa (y viceversa). De todas maneras, al fin y al cabo llevamos la misma sangre, y a mí muy en el fondo me cae bien. Él y mi padre se llevan fenomenal y siempre se están riendo de mí y de mi madre: «las sentimentales». Tiene 13 años, pero a veces parece que tiene 3. En fin, nuestra relación es bastante típica de hermanos.

Y yo, que me llamo Margarita, tengo 14 años (hechos en diciembre), y estoy en 2.º año de la ESO.

Me encanta y quiero estudiar Arte. El Colegio se me da bien. Tengo buenos amigos y me divierto. Lo que me fastidia totalmente es tener que madrugar, en serio. Me encanta salir y estar con mis amigos. Pero también me gusta estar en casa a veces. Y no me importaría tener novio.

Filipa y Juana son mis mejores amigas, y Bonga, claro, que le conozco de toda la vida.

Salir por la noche sería una de mis aficiones favoritas, si no fuese tan complicado convencer a mi madre para que me dejase. Hablando del tema, es mejor que me lo empiece a currar para convencerla – mañana me tiene que dejar.

Hasta ahora.

15 de febrero

¡Tengo un dolor de cabeza! De esos que parece que me va a estallar. Me duele cada vez que doy un paso.

He llegado a casa, después de horas en la cola, con ganas de una sóla cosa: tirarme en la cama, con el cuarto oscuro. Y estar ahí tumbada con los ojos cerrados hasta quedarme dormida.

¡Pero no! ¡Qué ilusa! No sé como me dan estos ataques de ingenuidad. En cuanto entré por la puerta empecé a oír dos voces chillonas gritándome. Antes de darme tiempo a izar la bandera blanca y pedir una tregua, me encontré con Margarita y con Rodrigo

encima, hablando al mismo tiempo. Pidiendo no sé qué, pero pidiendo, siempre pidiendo. ¿No entienden que no soy de goma y que no puedo desdoblarme a todos los sitios que quieren? Y encima al mismo tiempo, como si Dios me hubiera dado el don de la ubicuidad. Se lo dio a San Antonio, no a mí.

Me libré de Rodrigo, porque le traía un CD nuevo de juegos – vale, ya sé que «compro» demasiadas veces mi descanso pero, por amor de Dios cállate conciencia, que estoy ahora con la cabeza a estallar como para ponerme a discutir métodos pedagógicos contigo.

De Margarita no fue tan fácil escaparme. Y yo la entiendo, creo que era igualita, – ¿era? ¿soy? – Cuando se me metía algo en la cabeza iba directa, a toda velocidad y no había obstáculos infraqueables. Y muchísimo menos el dolor de una cabeza que ni siquiera era mía. Y la idea de Margarita era salir por la noche con sus amigos. No, no es salir cuando anochece, a las siete de la tarde o nueve de la noche. Es salir, cuando la mayoría de la gente está prácticamente preparada para levantarse. Es salir a la una de la mañana y volver a las seis, o si fuera por ella a las siete o a las ocho, que para eso no es nada especialita.

Le hice las preguntas de rigor – quién va, a adónde van, quién la lleva, quién la trae. Y si no fuera por este dolor de cabeza, le hubiera hecho más.

¿Todavía tengo que hacer estos interrogatorios? ¿Puedo llamarla al móvil? Qué horror, ¿y si al final no va con quien dice que va?

¡Ay, por amor de Dios, déjalo!

Me dijo que el que la iba a buscar era el padre de Ricardo. Y, después de haber llamado al tal Ricardo y de amenazarle con no ir si su padre no la traía a casa, por culpa de su madre que era una plasta, claro, y tenía la manía de los raptos, y después de el tal Ricardo haber ido a machacar a su padre que, a lo mejor, pobre, tiene un dolor de cabeza como el mío, volvió con la garantía: «Te lo prometo, mamá, te lo prometo, mamá», que el padre de Ricardo – con dolor de cabeza o sin él – la traía a la puerta, como muy tarde a las tres de mañana. «¿A las tres?», «Sí, a las tres».

Y di un portazo a la puerta del cuarto de baño con fuerza suficiente como para que supieran que el tema estaba definitivamente zanjado y que me iba a sumergir en un baño, con la esperanza de que se apagasen la lucecitas de delante de mis ojos.

«¿Puedo comer pizza?», gritó desde fuera Rodrigo.

Pensé en los filetes con arroz que Rosalía había dejado hechos. De pescado, que tanto necesitaba, ya que estaba creciendo. Y le grité:

– Puedes comer pizza.

15 de febrero

No te lo imaginas, ¡hoy he conseguido convencer a mi madre para salir por la noche! Claro que tuve que aguantar las preguntitas tontas de con quién voy, etc., y también me obligó a prometer que el padre de Ricardo me traería a casa. Le tuve que llamar para preguntarle. ¿No entiende la vergüenza que me hace pasar? ¿Por qué no confiará en mí? ¡Desgraciadamente sólo me deja salir hasta las 3! ¡Las 3! ¡Por amor de Dios, todas mis amigas se quedan hasta más tarde! ¡Qué más le da que salga hasta las 5, por ejemplo? Por dos horas, no me van a raptar... ¡Ay qué manía!

Bueno, ¡por lo menos voy a salir, que no está mal! Además, Diego va. ¡Diego es tan guapo!. ¡Cómo espera mi madre que pase algo con él si sólo me deja hasta las tres!

Hoy he tenido examen de portugués, no estudié nada. ¡Pero no me salió muy mal! Mañana es un día asqueroso. Tengo matemáticas, dos horas seguidas de Matemáticas. ¡Qué rollo! Bueno mi madre me llama para ir a cenar por eso lo dejo aquí

¡AH! ¿QUÉ ME PONGO PARA SALIR?

22 de febrero

No hay ninguna duda de que las hormonas deciden sobre nosotras. Hay días que sólo te apetece quedarte debajo de las sábanas, y esperar a que pase la crisis.

Huimos de la gente que nos quiere. Parece estúpido, ¿verdad?

Nosotras, tristes y con ganas de huir de la gente que nos quiere, la que ve enseguida que no estamos bien y que nos puede ayudar.

Pero la verdad es que no tenemos ningunas ganas de hablar, y mucho menos con gente que nos quiere. Es que además, estamos seguras de que si alguien nos pregunta cómo estamos, con voz tierna y cariñosa, desatamos en un llanto sin fin. Cierto como que 2 y 2 no son 5 ni 6, o cualquier otro número, pero bueno, ya dejé de pensar en el tema; es así y es así, ¿qué podemos hacer?

Pues sí que lo es, volviendo a lo mismo, sí que es rara esa manía de huir de la gente que nos quiere cuando lo que más necesitamos es comprensión y cariño. En el fondo somos unos orgullosos, nos gusta hacernos los fuertes y no queremos cargar a los otros con nuestros problemas, lo cual es estúpido porque no nos importa nada – todo lo contrario – cargar con los de la gente que queremos.

No sé por qué, pero durante esos días solemos encontrar mucha más gente mal educada y agresiva. Jefes desagradables, maridos gruñones, policías mal educados – es como la mosca en la miel –, el pretexto que necesitábamos para explotar. Creo que las explosiones deben liberar hormonas, o algo por el estilo, porque la verdad es que cuando gritamos de rabia y hacemos el numerito de la histérica dominada por los nervios, nos sentimos mucho mejor. Y después lloramos, lloramos, y, como todo el mundo sabe (o si no lo sabe debería saberlo), las lágrimas sacan para fuera las toxinas – hecha la limpieza, vamos calmando los lamentos, cerrando los ojos, y acabamos por adormecer. Y dormir es realmente bueno para las hormonas.

Esos días Rui y Rodrigo ya aprendieron que tienen que pasar de largo. Pero Margarita es cariñosa – se enrosca a mi lado en el sofá y no pregunta nada. Creo que ya sabe de lo que las hormonas son capaces y no le afecta tanto este tipo de tristeza. Cuando era más pequeña creía que la tristeza tenía que tener una razón y le afectaba más. Ahora no, se queda cerca y no pregunta nada y eso es muy bueno.

Rodrigo huye si me ve llorando. No me extiende la mano, no me consuela, se tapa la cabeza con las sábanas y me pide que me vaya a llorar a otro lado. Dios mío. ¿Será que a los 13 años es ya completamente hombre?

23 de febrero

¡No te lo vas a creer, salí y fue genial! Fuimos al "Garage", en Lisboa, pero, jo, ¡sólo pude quedarme hasta las 3! Y encima me tuve que tragar el discursito de no bebas, no fumes y no hables con extraños. ¡Pero lo importante es que fui! ¡Y que Diego estaba! Es tan guapo.... llevaba un jersey que le quedaba de muerte. Estuvimos todos bailando. De repente Diego viene y me pregunta si voy a la barra con él. Yo fui y cuando llegamos ¡me pidió para salir! Claro que le dije que sí inmediatamente. ¡Qué pasada! ¡Es tan guapo! Estuvimos toda la noche juntos, nos enrollamos, bailamos. No sé si Teresa tenía celos, ¡creo que a ella también le gusta! Luego la llamo, espero que no se haya enfadado. Él me prometió que me llamaría, pero todavía nada. Creo que le voy a mandar un mensaje, aunque ¡tampoco quiero parecer muy interesada! ¿Qué hago? ¡Voy a llamar a Filipa para pedirle consejo!

Ya me han dado la nota del examen de portugués. Tuve un 4, no sé cómo, pero sí. Estoy deseando ir mañana a clase. Pues sí, la verdad es que nunca pensé que iría a decir algo así, pero es sólo por ver a Diego.

Mamá ayer estaba muy triste. ¡Jo! ¡Odio verla así, lo bueno es que no le da muchas veces! Pero cuando le da, no sé que hacer. Desaparecer no sirve de nada y tampoco soy capaz de decirle nada. ¿Estaré haciendo lo correcto? Normalmente me quedo callada sentada a su lado. Pero no sé si ayuda mucho. Me he dado cuenta de que se irrita con la actitud de Rodrigo cuando la ve llorar. Entiendo a mamá, ¡pero también entiendo la desolación de Rodrigo que no sabe qué hacer! A mí también me apetecería dejarla así a veces. Pero lógicamente no la dejo. ¡Sería incapaz!

1 de marzo

Creo que no aguanto más. ¡Diego todavía no me ha llamado! Al final no le mandé el mensaje, pero le di varios toques. Respondió a algunos, pero ni mensajes, ni llamadas. ¡Qué idiota, si me lo prometió! No me apetece salir. ¿Serán TODOS los chicos iguales? Pensé en ir a hablar con él en el cole, pero me da miedo su reacción. Es que no sé si te lo he contado, es mucho mayor que yo y por eso ¡a lo mejor no le hace gracia que vaya a hablar con él delante de todo el mundo!

Y luego mamá siempre preguntándome si estoy bien, y que ¡qué me pasa! Me dice «¿te han hecho algo?» «¿Quieres que vaya a pegar a los chicos?» ¡Esta frase me pone a cien! ¿Cómo cree que me va a proteger? Aunque alguien me estuviese haciendo daño en serio, ¿qué pretende que le diga? «¡Sí, mamá, mi novio no me habla, vete a pegarle!» A parte de eso, parece que es para tomarme el pelo. ¡Es que es tan ridícula esa idea de mi madre de ir a pegar a quien sea, que parece que se está riendo de de que esté triste! Ya no lo aguanto. Hablé con Filipa para ver qué me aconsejaba. Me dijo que esperase. ¡No entiende nada! ¡Menuda ayuda! ¡Como tiene novio, todo le parece muy fácil! ¡Qué buena amiga! El colegio es siempre la misma chorrada, madrugar (¿pero por qué narices las clases no empiezan a las 11?), estudiar cosas que no me interesan ni lo más mínimo - menos Educación Visual, que está bien, y sólo tenemos tres veces por semana. Por mí las clases serían EV todo el rato. No es que se me dé muy bien, pero me escaqueo, y por lo menos es lo que me sale mejor. He tenido una idea. Voy a hacer un dibujo de Diego y luego lo rompo, como hacía mi madre cuando yo tenía pesadillas. Me decía que dibujase monstruos y después arrugábamos el papel y lo tirábamos a la basura, ¡y funcionaba!

¡A lo mejor me debería dibujar a mí misma y luego romperme!

2 de marzo

Ahora la prisionera de las hormonas es Margarita. Rodrigo, afortunadamente, está tranquilito, se pasa todo el día con el microscopio – no me gustaría nada ser mosca ni araña, porque los aplastó con la lupa y la caja de anatomía. Adelante, que debe de ser algo pasajero, y quién sabe, tal vez salga al padre que es pacífico y odia los conflictos.

Pero, como iba diciendo, ahora la prisionera es Margarita. En un gesto de generosidad, decidí aplicarle el remedio que más rápido cura mis neuras – me la llevé de compras. Hasta le dije que podía comprarse todo lo que le apeteciera, que yo pagaba y que no haría comentarios.

¡Vamos, que ni las madrinas de los cuentos de hadas son tan dadivosas como yo! La de Cenicienta, por ejemplo, le regaló un vestido que escogió ella, la madrina, tipo «o lo tomas o lo dejas», porque también a esas horas, ¿qué iba a hacer la pobre si no le gustase la tela, el color o el modelo? Vamos, que lo debió de alquilar y ni siquiera para toda la noche, porque cuando dieron las doce, puf, desapareció.

Bueno, entonces estaba yo allí toda simpática, dispuesta a pagar de mi bolsillo, con mi dinero, faldas hasta los pies, jerseys con rotos, pantalones anchos de esos que en mi época sólo llevaban los obreros, y la niña entraba en las tiendas, se movía entre las estanterías y los percheros y no le gustaba nada. Muy de vez en cuando, accedía y se probaba algo sólo para después tirar la ropa hacia el otro lado del probador, refunfuñando con rabia, siempre con la misma cantinela: «Me queda fatal. Estoy gorda».

A mí ya me salía espuma por la boca – ¿por qué ahora, ella, que es tan guapa, tiene la manía de que está gorda? Todos los chicos la miran, ¡ya me gustaría a mí haber tenido un séquito así de admiradores! Y mis amigos me dicen que es sexy, que está bien hecha y ese tipo de cosas dicho con otras palabras más delicadas, para que no se malinterprete. No sé muy bien qué es eso de estar «buena», nunca lo he entendido, porque lo confieso que o encuentro a la gente guapa, normal u horrorosa, y es más por la cara que por su estilo, no tiene nada que ver con las medidas 70, 70, 26, o como sean.

Sea como sea, no me gusta pensar en mi hija en esos términos – lo que sí me gusta, y mucho, es que sea guapa. Creo que es la manera que la naturaleza tiene para compensar nuestro propio envejecimiento. Nos vemos en nuestras hijas y es como si dijéramos: "De acuerdo, ya no soy joven, pero procreé una hija que lo es, y que además es guapa y por eso es casi lo mismo"

Y ahora, ¿por qué le habrá dado por pensar que está gorda? A ver si van a ser demasiadas películas sobre anorexia, esas películas pastosas que le apasiona ver en la televisión. Espero que no le dé por las dietas.

Qué tontería – cuando tenemos un cuerpo bonito y rellenito, preferimos ser un palitroque y cuando somos un palitroque, nos gustaría tener el cuerpo que teníamos cuando no queríamos tener el cuerpo que teníamos. Uf, menos mal que esto no lo va a leer nadie.

2 de marzo

Mamá, para curarme la neura, decidió llevarme de compras. Me deprimió todavía más. Me probé de todo en todas las tiendas. Todo me queda mal. ¡¡Estoy gordísima!! Las cosas chulas no me caben – pensándolo bien, las feas tampoco. Mi madre me decía que no, que no estaba nada gorda, que era yo que era rara. ¿Pero qué iba a decir? ¡Es mi madre! ¿Y qué me importa que mi madre piense que estoy delgada?! ¡Es mucho más importante que lo piense Diego, por ejemplo!

¡Vale, soy injusta! Me interesa MUCHÍSIMO que mi madre diga que estoy delgada y que soy buena persona! ¡Cualquiera que diga que estoy delgada y que soy buena persona! ¡Pero sería mejor que fuera verdad y no lo es, porque tengo ojos en la cara!

¡Y encima ahora me arrepiento de no haberme comprado nada! ¡Ah! ¿Y por qué no soy como Juana? Juana es perfecta, lo hace todo bien..... ¡Y está delgadísima!

2 de marzo (por la noche)

No puedo parar de llorar. ¡Odio a Filipa! ¡Y ODIO a Diego! A Filipa le doy exactamente igual. La llamé para desahogarme con ella pero me dijo que iba a salir con Gui (su novio) y me colgó el teléfono. ¿A esto le llama ella ser mejor amiga? Yo estoy siempre aquí cuando me necesita y ella, ¡NADA! Y con Diego está todo igual – todavía ni me ha llamado ni me ha mandado mensajes. Empiezo a pensar que eso de enrollarnos se limitó exactamente a eso. Tenía esperanzas de que acabase en algo más serio. ¡Malditas esperanzas! ¿Por qué nos quedaremos con esperanzas? Por mucho que me intente convencer de que nunca habrá nada serio con Diego, continúo teniendo esperanzas de que sí.

No tengo cabeza para escribir más.

5 de marzo

¡Más vale tarde que nunca! ¡YES! ¡Estoy tan contenta! ¡Diego me llamó! Me dijo que no me había llamado antes porque había estado pensando en lo que sentía por mí y si quería una relación más en serio (¿Casi un mes pensando? ¡Qué tío tan lento!).

Bueno, quedamos para ir a merendar cerca de casa. ¡Por supuesto que fui! ¡Y me pidió dar un paseo y luego me dio un beso! ¡Imagínate, pasear con Diego! ¡Perfecto! ¡YES! ¡YES! Confieso que ese rollo de haber estado pensando durante un tiempo y de no saber qué decir es un poco milonga. De todas maneras, prefiero pensar que dice la verdad. Sí, porque lo que a mí me gusta es la verdad, y siento que esto va a ir bien. Se ha pasado el día mandándome mensajitos monos. Jo, mañana nunca llega. Se lo tengo que contar a Filipa – ¡Pues sí, ya soy amiga suya otra vez! Me mandó un mensaje pidiéndome perdón por haberme abandonado cuando más la necesitaba. Por eso decidí perdonarla. ¡ME ENCANTA DIEGO!

¡El idiota de Rodrigo me ha robado otra vez el cargador del móvil! ¡Como me quede sin batería y no pueda recibir los mensajes de Diego, le mato!

8 de marzo

¡Estamos todos de tan buen humor! Eso es, en casa todo va genial. Por eso me he obligado a escribir en estas páginas que estamos felices y contentos. Es que mi tendencia es acudir aquí para escribir mis pensamientos sólo cuando estoy triste, enfadada o cuando necesito ordenar mis ideas para tomar una decisión. Como algún día mis hijos o nietos lean algo de esto pensarán que yo era una neurótica y el resto de la familia también. Y es que cuando estamos felices y contentos lo que nos apetece es estar en la calle, de compras, en casa de amigos, paseando al perro, hacer de todo menos garabatear las torturas de nuestra alma. Estoy segura de que si alguna vez, cualquier día normal, me diera por leer lo que he escrito, me pondría colorada como un tomate de la vergüenza y se me «apoderaría» una irritación tal que rompería todo en añicos.

Y es precisamente por saber que dramatizamos siempre cuando pasamos este tipo de conversaciones a papel que me resisto a leer el diario de Margarita.

Me fijé hace ya mucho tiempo que está escribiendo un diario y me fijé también que no tiene llave. Confieso que me cuesta muchísimo resistir. Me apetece un montón saber lo que tiene en la cabeza. ¿Y si tiene algún problema grave y no me lo cuenta? A lo mejor, si lo leyese, y si viese descrito el problema, podría ayudarla. Sin decirle que lo había leído, claro, porque si no me mataría.

Anda ya, idiota, no busques disculpas. ¡De aquí a nada estarás diciendo que es una obligación moral escudriñar los secretos de la niña!.

De acuerdo, reconozco que desde siempre fui terriblemente curiosa. No me resisto a los secretos, ni a esas conversaciones de «ya te lo contaré», «es mejor que no te lo cuente», ni siquiera a esas peticiones de «quedamos dentro de una semana y te cuento». Oye, ya que tiran de la manta, que tiren del todo. Si mis hijos lo supieran, harían de mí lo que quisieran (todavía más, quiero decir). Bastaría con que insinuasen que tienen secretos que no pueden revelar para que yo fuese hasta el fin del mundo para descubrirlos.

Pensándolo bien, Rui es fantástico. ¿Si él tuviera un diario, me podría resistir a leerlo? Nunca. Es que ni aunque tuviera que volar el candado. Sólo de pensar que pueda tener pensamientos, historias o secretos a los que yo no tenga acceso, llega para que pierda el norte.

O tal vez... a lo mejor no sea ninguna cualidad – a lo mejor no lo lee porque no le interesa, porque no está interesado lo más mínimo en saber lo que pienso – ya debe de estar bastante harto de oírme como para encontrar tiempo para leerme.

Bueno, pero yo estaba hablando de Margarita. Decididamente le voy a decir que cierre el diario con candado, porque la verdad es que, el otro día, cuando lo iba a cerrar – ¡lo dejó abierto encima de la cama! – no me resistí a leer una o dos páginas. Voy a confesarle todo para que sea precavida. Ya sé que es caer del pedestal, pero tengo este estúpido defecto de no resistirme a confesar el mal que hice y de pedir la absolución. Necesito que me perdone o, en último caso, que no me perdone, pero sobre todo que sepa que mi curiosidad es fuerte y que no puede dejar ese tipo de cosas abiertas, como quien no quiere la cosa.

10 de marzo

¡NO ES POSIBLE! ¡La odio! ¡La odio! ¡Me refiero a la mujer que vive en mi casa y que dice ser mi madre! ¡No te imaginas lo que hizo! ¿Qué mierda de madre es, si no respeta mi privacidad? ¡Ya me gustaría ver si yo fuese a cotillear su diario! ¡Es MI diario, por Dios! Vale, no tiene candado. Pero es que pensaba que vivía en una casa donde existía el respeto. No me extrañaría que Rodrigo leyera mi diario. ¡Pero mi propia madre! Siempre pareció entender y respetar. Ella también tiene un diario, debería saber lo que es. ¡No lo entiendo! ¡Sólo sé que la odio! Y que no tenía ningún derecho a hacerme esto. Lo voy a esconder tan bien... ¡Va a desaparecer! Imagínate que incluso tuvo el MORRO de decirme que no tenía candado y que era una persona muy curiosa y que por eso no se pudo resistir. Me pidió perdón, ¡como si pedir perdón arreglase las cosas! Es tan fácil pedir perdón. Ya está decidido: no le vuelvo a hablar nunca más. Se lo conté a Diego y fue super comprensivo. Me pone un poco nerviosa esa manera de intentar ser imparcial, de juzgar las cosas como si fuera un juez, pero por otro lado está bien. Él es muy sensato.

¡Creo que a la mujer que vive en casa le caería bien! Todavía no me lo puedo creer. Leer mi diario, ¡cómo es posible!, ¡Jo a pesar de tener a Diego, la vida no es nada fácil! He hablado un montón con Bonga por teléfono. Pobre, quiere acabar con su vida! Ya no sé como ayudarle. Me tiro horas intentado enseñarle las cosas buenas que hay en el mundo. Y lo importante que es para tanta gente, pero parece que lo que digo le da igual. En serio, me encantaría ayudarle, en el fondo le conozco de toda la vida, y se pasa la vida en casa. ¡Es como si fuera mi hermano! No tiene una vida nada fácil, cada vez que pienso en su vida, me gusta más la mía. Puede que mi padre no esté siempre en casa, pero estoy segura de que me quiere mucho, igual que mi madre, ¡la mujer que ahora ha sido substituida por esa que no puedo decir su nombre! En serio, por más furiosa que me ponga, sé que nunca me abandona, piensa en mí antes de pensar en cualquier otra cosa, haría todo por mí – ¡¡¡Incluso leer mi diario!!! – El padre de Bonga no le hace ni caso, y él confiesa que todas las tonterías que hace son para llamar la atención de su padre. Su madre tiene una depresión, ¡y para ocultarlo, bebe! ¡Y en medio de todo esto, Bonga que se jorobe! ¡Joé! ¿Por qué sus padres no le hacen un poco más de caso? ¡No se lo merece! El hijo amenazando que se va a suicidar y a ellos le da exactamente igual. ¡Estas cosas me ponen de los nervios! ¡Qué suerte tengo! Voy a llamar a Bonga, que me da miedo dejarle solo. ¡Tengo miedo de lo que pueda hacer! Creo que no se quiere morir en serio, pero en un momento de desesperación...

11 de marzo

Metí la pata hasta el fondo. Ya lo dijo Freud (o por lo menos es lo que he entendido) que los que no pueden guardar secretos son niños. Están de tal forma fundidos con sus madres e inseguros de sí mismos que necesitan confesarse y sólo se sienten bien cuando les absuelven, aunque para eso tengan que cumplir una penitencia. No aceptan el derecho de tener errores, de tener vida propia, ni de que puedan guardarlos para sí mismos sin necesidad de auto-flagelarse públicamente. Y yo que soy adulta y hasta soy madre, por lo visto no paso de ser una niña.

Todo esto es para explicar que tuve que decirle a Margarita que era mejor que guardase con más cuidado el Diario. Cuando lo oyó empezó un interrogatorio policiaco y yo, que no sé mentir, le dije que sí, que una vez había leído dos o tres páginas, porque estaba abierto encima de la cama. Se puso como una loca, como yo me hubiera puesto si mi madre me hubiera dicho algo así alguna vez. Y a partir de ahí, no sé, como soy tan curiosa, creo que desarrollé una tolerancia especial para con quien es como yo.

Bueno, ahora sólo me queda aguantar la borrasca con dignidad. Lo difícil es saber qué actitud tomar – es obvio que le tengo que pedir disculpas y aceptar su enfado, pero ¿hasta qué punto y hasta cuándo? ¿Qué es lo razonable y qué es dejar invertir los papeles? Siempre fui apologista de que los padres pidan disculpas a sus hijos cuando creen que deben, pero después el tema se tiene que zanjar rápidamente, no se puede convertir en un motivo de manipulación y chantaje. Margarita va a reaccionar bien – ella es tan, tan cariñosa y tolerante. Sé que lo va a entender y, aunque sea triste que tenga que ser a costa de bajarme del pedestal, va a entender que preservar nuestro mundo exige cuidados...

22 de marzo

Mi madre vino a pedirme perdón. Otra vez, volví a pasar de ella, pero creo que la voy a perdonar, también por lo que me dijo, sólo leyó un trocito. Y, jo, está muy arrepentida.

Hoy Rodrigo ha venido a preguntarme qué se hacía para conquistar a una chica. Le dije que lo iba a pensar. Creo que le voy a decir a Diego que hable con él. Malo no creo que sea. Podría hablar con mi padre, ¡pero es un adulto!

Estaba pensando en traer a Diego a casa, invitarle a cenar. Le voy a llamar, no creo que haya problema con mi madre, ¡sobre todo ahora que está intentando «compensarme» por la historia del diario!

¡Ya no sé qué hacer con Bonga! Ya he intentado convencerle para ir a un psicólogo, pero él se niega, dice que sólo habla de esto conmigo. Eso me gustó, creo que a una persona siempre le gusta pensar que es especial, pero también me siento culpable por no poder ayudarle más. El otro día quería salir y su madre le montó un cirio, haciéndole un chantaje horrible, diciéndole que si la abandonaba era señal de que no la quería. Yo le dije que lo que ella le estaba haciendo no estaba nada bien. Pero creo que cuando la madre es cariñosa con él, se conforma con lo que sea, y se esfuerza al máximo para que dure ese momento.

En el colegio va todo igual, estoy haciendo un proyecto sobre Hitler. Ese hombre era un monstruo, pero tener poder, ¡desde luego que tenía! Descubrí que el último médico que vio a la madre de Hitler antes de morirse era judío. Mucha gente dice que por eso odiaba tanto a los judíos. Para mí, el tío estaba completamente loco y mal educado. ¡Pero super inteligente! Y consiguió hacer que miles y miles de personas creyesen que tenía razón, que le siguieran y que le obedecieran. Es alucinante. Me está encantando hacer el proyecto. Lo peor es escribir de forma imparcial, sin ponerse de parte de nadie, y ser capaz de mostrar su lado bueno – ¿Lo tendría? Lo malo es que, por ejemplo, en la red todo el mundo que habla de él, ¡es para criticarle! Lo que complica más mi trabajo, porque el profesor dijo que tenía que ser objetivo. Bueno, voy a ver a Diego, que me va a ayudar con los deberes de mates, una misión más imposible que la de Tom Cruise. Odio las mates o, por lo menos, ¡las odiaba hasta tener esta profesora que tengo ahora que es una pasada!

23 de marzo

Margarita ya está más tranquila y hasta me preguntó si Diego podía venir a cenar.

Pero hoy estoy tan furiosa, que ya me había olvidado de esa crisis. Lo que me apetece es estrangular a uno de los nuevos socios de la oficina. ¡Menudo estúpido! no estoy acostumbrada a no caer bien, y mucho menos sin motivo aparente. ¡Este jefe, este «def» como diría Rodrigo, el muy idiota me saca de quicio! Argumenta mal, sin lógica, no consigue explicar por qué da determinadas órdenes. Le da miedo el protagonismo ajeno. Es un inseguro (mierda, ¿por qué ni siquiera aquí me atrevo a escribir palabrotas?) y yo a aguantar. Presiento que no entiende que, cuando en las reuniones hago alguna gracia, no es sobre él, si no sobre la situación en causa.

Es que hay gente que nunca aprende a reírse de sí mismo. Es difícil, claro, pero se aprende. Mientras que haya alguien que lo enseñe, claro. Me acuerdo que cuando los niños eran pequeños y yo contaba algo divertido que habían hecho, una palabra que habían dicho mal, por ejemplo, la gente se reía, claro, y si ellos estaban por allí, salían despepitados de la sala. Porque no entendían que nos reíamos de la gracia y no de ellos.

Sinceramente, creo que aprender a reírnos de nosotros mismos debería ser una asignatura obligatoria en el colegio.

Es que cuando conseguimos no tomarnos demasiado en serio las cosas, cuando aprendemos a ver siempre el lado divertido de las situaciones, nos volvemos mucho más capaces de sobrevivir y de ser felices.

Pero volviendo al «socio» – ahora el cretino quiere orientar el despacho hacia los contratos internacionales, al derecho de empresas y laboral. Dice que así es como se gana dinero, «querida colega, dinero contante y sonante» como él dice, y que hay que dejar de hacer derecho de Familia y acabar el acuerdo con la Santa Casa de la Misericordia. A mi no me gustan nada los contratos y mucho menos hacer despidos o tratar de esos temas. Me gusta oír a la gente, intentar encontrar en las líneas y en las entrelíneas de las leyes la forma de ayudarles. Me desesperan las injusticias y me parece que ya es suficiente la lentitud de la justicia y de todas las burocracias, sin que nosotros, los abogados, tengamos todos que «vendernos» a los negocios. ¡Si quisiera tener algo que ver con el dinero, habría estudiado la carrera de Económicas o de Empresariales, y no la hice, mierda!

El que se tragó el peor rollo fue Rui. Tuvo que oír toda la historia, lo que dijo éste y el otro, gente que ni siquiera sabe quién es. Y todo lleno de detalles, porque nosotras, las mujeres – ya me he fijado que Margarita también es así – tenemos que pintar la historia de la forma más realista posible y por eso no se nos escapa nada! Para nosotras tiene perfecto sentido. Pero si el oyente no sabe, por ejemplo, que alguien no se afeita por la mañana y que tiene mal gusto hasta para elegir las corbatas, ¿cómo se puede imaginar a la persona? Estoy segura de que si esto le hubiera pasado a Rui o a Rodrigo se hubieran limitado a decir: ¡Tuve un día horrible, mi jefe es un bruto! Y ya está. ¡Ya podemos intentar sacar más información que de ahí no sale nada!

Menos mal que Margarita es más de mi estilo – a veces entiendo a Rui, cuando ella llega del colegio y le desmenuza el día entero minuto a minuto. Hoy cuando me vio en ese estado, se sentó en el sofá a mi lado y me ayudó a trazar el perfil psicológico de la criatura. El diagnóstico fue que sufre de un complejo de inferioridad acentuado, que juega a la defensa porque tiene miedo de no tener neuronas para construir un argumento a la altura del resto. Al final hasta nos daba pena. Esto de la psicología barata tiene sus contras...

26 de marzo

¡Hoy ha sido un día alucinante! Me parece que ni siquiera he oído a nadie que gritara. Diego habla conmigo todos los días y me manda unos mensajitos muy monos. En el colegio ya lo sabe todo el mundo. He hecho un montón de amigos nuevos, y más mayores, porque son los amigos de Diego. Me encanta todo. ¡Parece que salir con él me ha abierto un mundo nuevo! ¡Un mundo maravilloso! ¡Por lo demás todo va bien!

Mi madre estaba un poco preocupada al principio, por tener amigos nuevos, encima más mayores... por estar con gente que ella todavía no conocía, pero creo que le cae bien Diego y que confía en él. De todas maneras no me libré de la charla del «canuto» y de las drogas. A veces me ponen nerviosa sus comentarios. Parece que no confía en mí. ¿Acaso me voy yo a poner alguna vez a fumar un «canuto»? Claro que no. Y conozco a gente que fuma. Bonga, por ejemplo, fuma, y además bastante. Ya he hablado con él de ese tema. Pero ¡está convencido de que los canutos no son malos!. Está siempre con la disculpa de «¿No has oído que es mejor que el tabaco?» Qué chorrada. ¡Es mejor para unas cosas, y bastante peor para otras!

Ya le dije todo lo que pensaba de esto a mi madre. Pero incluso así sigue con la charla. No voy a empezar porque tenga amigos que fuman o por estar delante de ellos cuando fuman.

Es más, ¡todo lo contrario! Veo la chorrada que es. A ver si empieza a confiar en mí, en ese aspecto. ¡Me encanta Diego! Je, je, y no fuma «canutos».

8 de abril

Margarita me soltó una charla horrible sobre la confianza. Y lo remató diciendo «¡Y yo ni siquiera fumo porros!». Hasta sentí un mareo, en serio. Creo que es mi mayor pesadilla, el tema de la droga. Y me ponen nerviosa las revistas y los periódicos que sólo hablan de la necesidad de distinguir las drogas blandas de las duras. Evidentemente ya sé que el discurso de la prevención tiene que ser un discurso verdadero – no merece la pena inventarse cosas malas donde no las hay, por el simple motivo de que cuando descubren que la cosa no es tan mala como se había pintado, dejan también – en bloque – de creer en todo lo demás que se les había dicho. Pero estoy segura de que no es casualidad el hecho de que aparezcan en revistas nacionales y extranjeras cantidad de artículos que dicen que el cannabis no es muy perjudicial, que comparado con el tabaco es un caramelo y todas esas cosas. Para mí cualquiera de ellos, incluyendo tabaco y alcohol, son una estupidez. Nunca necesité sustancias químicas para reírme, ni para divertirme y creo que me he divertido y reído mucho todos estos años – es más, creo que, excepto cuando lloraba, me he dedicado precisamente a reír.

Y si nunca tomé copas, ni esas cosas, fue porque lo peligroso es empezar y nunca confié lo suficiente en mi fuerza de voluntad para estar segura de que no me volvería dependiente. Si dejé el chupete a los seis años y si me como las tabletas de chocolate todas de una vez, siempre diciendo que la próxima onza es la última, ¿cómo me puedo fiar de ser capaz de controlar la cantidad de esas sustancias que voy a tomar? Es de niño pequeño lo de creer «a mí no me pasa, le pasa a los demás. Cuando quiera, lo dejo». Nadie lo deja así como así, porque las sustancias químicas provocan dependencia en el cuerpo. Después esas sustancias se empiezan a necesitar en serio y ya no hay fuerza de voluntad que valga, por lo menos la fuerza de voluntad del día a día. Y, además, me da rabia que los jóvenes no se «auto-descubran», que no intenten ser más creativos e imaginativos, sin necesitar otra cosa más que las neuronas con las que fueron dotados cuando nacieron. Encima que conste que sólo utilizamos un tercio del cerebro, por pereza.

Cuando alguien se traga el humo de una hierba y la sustancia química se ocupa de llevarle a pasear,

¿por qué va a hacer el esfuerzo de encontrar caminos nuevos y originales?

La verdad es que, cuando Margarita salió de la sala, sentí que me temblaban las piernas, me monté toda la película, ella o Rodrigo metidos en El Pozo del Tío Raimundo y en «escenas», como dicen ellos, degradantes. Soy muy tolerante y flexible con muchas cosas, pero, por el amor de Dios, que no me hagan pasar por este drama. Y pensé que Luisa Costa Gómez tenía razón cuando decía que, en el fondo, fondo, por muchos libros que leamos, por mucho que intentemos hacer todo bien hecho, la pura verdad, es que sólo nos queda encender una vela y rezar. Como me di cuenta de que si seguía pensando, acabaría por asfixiarme de pánico, di un salto al suelo, tiré la manta que me envolvía – donde yo estoy siempre hay una manta – y me fui a navegar por Internet. A buscar todo sobre porros, claro.

Lo primero que constaté es que, al contrario de lo que dice Margarita, afortunadamente no «todo» el mundo fuma – por lo que dicen los números – lo que hay es mucha gente que lo prueba.

Me tranquilicé un poco al saber que, de hecho, sólo una pequeña minoría pasa de los porros a otras drogas. Y, más alarmada, con la noticia de que además puede provocar lo que llaman «Síndrome de Desmotivación», es decir que el adolescente se vuelve cada vez más débil y con menos ganas de «seguir la vida», dejando pasar las oportunidades, sobre todo de aprendizaje, que después puede tener dificultad en recuperar. Los fumadores frecuentes – y en ese grupo están los que fuman más de diez porros al AÑO – pueden además tener problemas en el sistema inmunitario, de pulmones y sobre todo, al nivel del cerebro, aunque la ciencia todavía no sepa estimar cuáles. Pero interferir en la sustancia gris, interfiere, y sólo eso ya me provoca una grima enorme. Nuestro equilibrio químico es tan frágil que estar jugando con él es como jugar a la ruleta rusa, particularmente porque todos los artículos que leí destacaban que en los «sujetos predispuestos», esto es, que tienen una tendencia para ... pueden surgir enfermedades mentales como la psicosis y la esquizofrenia. ¿Y quién sabe si está predispuesto o no, hasta que surjan los síntomas? Y luego, ¿cómo se libra alguien de una enfermedad mental? Se trata, se mejora, pero ahí se queda rondando la cabeza, y se vuelve mucho más difícil construir una vida y ser feliz.

Pues sí, creo que esa charla de «no hace daño a nada» es una milonga. Voy a aprovechar alguna oportunidad para hablar de esto con Margarita y Rodrigo. Por lo menos dotarles de la información, para que puedan argumentar con quien diga lo contrario. Después ya hay que cruzar los dedos y esperar a que tengan personalidad suficiente para que sepan decir que no.

9 de abril

Mi madre me ha soltado una charla infinita sobre drogas. Pero hoy no quiero saber nada de nada de eso. ¿Por qué? Pues porque Diego me ha preguntado si quería ir con él a la playa a ver la puesta de sol. La mayoría de las parejas van a ver el amanecer, ¿no? Pero eso Diego sabe que no me convence, a no ser, evidentemente, que sea después de una noche en vela, que yo las tengo en toda regla, nunca tengo sueño por la noche.

Me vino a buscar en moto – si mis padres se enteran... ¡Espero que Rodrigo no se chive! – y fuimos a la playa. Fue alucinante. Hacía uno de esos días de sol, en que te apetece ponerte al sol como un cangrejo, el cielo azul, azul, para ver si nos olvidamos de la porquería del invierno – no es que me importe la lluvia, mientras no tenga que salir a la calle me gusta oírla.

Diego es muy mono y sabe cómo decir lo que quiero oír. Lo que es una gran cualidad, si tenemos en cuenta que, por ejemplo, mi hermano dice justo lo que no quiero oír. Y la mayoría de los chicos que he conocido hasta ahora eran así, metían la pata hasta el fondo pasados dos minutos, tipo «¡Quitando a Catia Vanesa, eres la chica más guapa que he visto en la vida!».

Bueno, ni me apetece escribir sobre lo que ha pasado – es como si la magia se esfumase. Lo que voy a hacer es «repasar» la película en mi cabeza. Todas las veces que sea capaz. ¡Con la música a tope, claro!

10 de abril

Llevo con esta «paranoia» de las drogas en la cabeza unos días y hoy, cuando fui a llevar a Margarita y a Rodrigo al médico – que han estado con muchos dolores de garganta –, he aprovechado para recitarles lo que había aprendido en la red.

Margarita argumentó que pensaba que tal vez era mejor legalizar los porros, porque así se controlaría mejor el «negocio» y la gente no tendría que ir al mercado de los traficantes para conseguirlos, corriendo el riesgo de ser incitados a comprar otras cosas peores. Estaba muy informada, creo que las escuelas hablan mucho más de estas cosas que en mis tiempos y, de todas maneras, por lo que entendí, conoce a mucha gente que fuma y, por eso, tendrá una visión más realista que yo, que siempre estuve lejos de ese mundo.

Le dije que eso de la legalización era de esos temas que tenía muchos pros y muchos contras y que cuando alguien defendía uno de los dos puntos de vista a mí me apetecía estar de acuerdo, pero cuando otra persona defendía el otro punto de vista, también entendía bien sus argumentos. Y les dije que podían hacer manifestaciones en la calle por la legalización, si creían que ese era el camino. Pero que, por el momento, era ilegal y prohibido y que comprarla era como pactar – le tuve que explicar a Rodrigo que quería decir «entrar en el juego de...» Para que entendiese la palabra – con un mercado asqueroso, que vivía y se enriquecía a niveles millonarios destruyendo la vida de la gente, de los niños. Y que aparte de eso, les podían vender gato por liebre y de ahí pasar a mejor vida, por tomar veneno mezclado con la tal sustancia.

– Ves mamá, otra razón para legalizarlo, así estaría controlado. Y se pagarían impuestos, lo que ayudaría a la sociedad. Sería como las multas que la gente paga por estar haciendo algo sospechoso...

Me pareció gracioso el concepto de impuestos. Y, por cierto, a la que le gustaría huir de la realidad era a mí, que de repente me acordé de los impuestos que tuve que pagar el año pasado y que este año, seguramente, va a ser peor. ¡Caramba!, ¡El Estado es un ladrón!

En fin, voy a ver si pienso en otra cosa, que esto ya se está convirtiendo en una paranoia. A pesar de mis miedos, creo que he conseguido hablar de este tema así, como algo normal, como quien da información sobre un asunto que les puede interesar. Espero que la cabeza de Rodrigo se haya quedado con algo – es tan callado e introvertido que me da más miedo, más miedo que ocurra algo y yo no lo entienda. La cabeza de Margarita me parece más estructurada no sé. No sé si conocemos a nuestros hijos tan bien como pensamos que los conocemos.

¡Me voy a dar un baño! Y luego tengo que volver a salir para la reunión de notas en el colegio de Margarita.

10 de abril (a las 8 de la tarde)

¡ALARMA! Mi madre va mañana a ver mis notas. No es que haya tenido muy malas notas porque me he esforzado. ¡El problema es la Física! Eso es lo que no puede saber. No te puedes imaginar cómo son mis clases de Física. Principalmente el profesor, de por lo menos 75 años, que está jubilado de alguna universidad y tiene habilidad para todo menos para enseñar. Por lo menos para enseñar a gente que nunca ha oído hablar del tema en ningún sitio.... Le da exactamente igual – el tío dice «ya me he ganado el derecho a la jubilación. Si aprendéis o no, no me interesa lo más mínimo». ¡Es la simpatía hecha persona! Lo bueno es que ya nadie hace caso de lo que dice. El tío hace los experimentos él solo. Pone todo el material encima de su mesa y, de espaldas, lo menea todo, escribe apuntes en la pizarra y antes nos pedía, antes claro, porque hasta de eso desistió, que los copiáramos en el cuaderno. Mientras, nos cansamos en intentar entender lo que él se niega a explicar. Entonces empezamos a hablar y a hacer dibujos. A Filipa y a mí ya ni nos mira, es como si fuéramos fantasmas transparentes. Llegó a decirnos que no hacía falta que cogiéramos apuntes, tal era nuestra ineptitud. Es de coña. El otro día tuvimos un examen. Entramos y empezamos a hablar mientras cogíamos los folios y todo eso. Entonces se dio la vuelta y dijo «pueden hablar, pueden copiar y pueden ver los libros y si no tienen paciencia para nada de esto, pueden preguntarme que yo contesto. ¡Mejor que ver todos los exámenes mal....!» – todo el mundo se partía de risa. ¡Bonitos exámenes, sí señor! Si todos fueran así... En fin, cuando mi madre hable con él espero que se dé cuenta de que el tío está como una chota y que la culpa no es toda mía.

Me debía de haber esforzado más. Espero no decepcionarla mucho. Nunca machaca con las notas, mientras nos esforcemos, lo que está genial. Pero a veces, no hago los deberes por pura pereza y no entrego los trabajos y todo eso. Para la próxima me voy a esforzar más (me suena haber dicho lo mismo el trimestre pasado)...

11 de abril

Uf, necesitaba un alivio. Anoche me costó un montón salir, y no meterme en la cama, pero mereció la pena. Los profesores de Margarita hablan maravillas y a mí se me cae la baba completamente. No es una alumna de dieces, pero dicen que es buena compañera, que tiene buena disposición y que está muy pendiente del resto.

Tuve una conversación de tercer grado con su profesor de Física. Es más, tengo que escribir la historia en su Libro del Bebé, que voy completando con historias que creo que le gustará leer a sus hijos. El tío parecía salido de una película de risa. De unos 60 años, con un aire muy digno, le extendí la mano, le dije de quien era madre y él con cara de alucinado, mirando hacia un punto infinito en el espacio, empezó a murmurar, como si estuviéramos en una sesión de espiritismo:

– Ah, ¿Que si sé quién es Margarita? Siempre al fondo, siempre hablando con Filipa.

Antes de yo poder abrir la boca para pedir disculpas por su comportamiento, me hizo callar haciendo un gesto con la mano pecosa y siguió:

– Habla bajo, no me molesta. También espero no molestarla yo a ella. Pero no tiene importancia, sabe, porque el año que viene ni yo ni ella estaremos aquí.

Debí de poner un aire preocupado. Su idea de irse me parecía francamente acertada, pero ¿ella?, ¿se la iba a llevar? El tío se debió de dar cuenta de mi perplejidad porque en seguida dijo:

– No es nada grave señora. Yo no voy a estar porque me jubilo y ella porque en 3.º, seguro que no escoge física. Decididamente su hija nunca será una física.

Hasta intenté atajar, diciendo que sabía que Margarita nunca escogería un área de esas pero que a pesar de todo, me daba pena que se quedase sin saber algo de física, y que él, desde un principio, convenciera a la pobre criatura de que no tenía aptitud para entender por qué la manzana cayó en la mano de Newton. Pero el pobre hombre no me pareció nada conmovido. Todo lo contrario, me explicó que sólo aprendía quien quería y podía y que de hecho, ni siquiera le parecía que ella tuviera capacidad para tanto.

Me pareció mejor zanjar la conversación lo antes posible, antes de que me entrara la risa en su cara. Y cuando me iba a levantar y a extenderle otra vez la mano, meneó la cabeza a un lado y profirió:

– A lo mejor no estoy siendo justo, Margarita, ¡Ah, sí, Margarita! ¡Hicimos uno o dos buenos experimentos!

Y ya ahí tuve que irme. Me refugié en los brazos del profesor de ciencias, que ya le conozco desde hace cuatro años, desde que Margarita entró en el instituto. Es un tío estupendo, con barba pelirroja y un aire sereno de sabio. No me resistí a repetirle tal cual la escena, y él se esforzó en no traicionar a su compañero, pero me salió con una que lo dijo todo:

– Señora – dijo – su hija tiene un talento enorme para la escritura. Ya verá como en el futuro le será mucho más valioso haber tenido un profesor tan excéntrico que haber aprendido física, si total, se le hubiera olvidado unos días después...

Me convenció. Si hasta a mí, a estas horas – qué horror ya es más de la una de la matina – me pareció que la historia debía de entrar a formar parte de este diario sin mayor tardanza, pues a lo mejor tiene toda la razón.

20 de abril

Las notas fueron muy buenas. No es que tuviera un diez en todo pero por lo visto, los profesores están contentos conmigo, lo cual está muy bien. Y mi madre reconoció que mi profesor de Física está loco.

Hoy Bonga y yo estuvimos solos en su casa y empezó a liarse un canuto. Le repetí todo lo que mi madre me había contado – No grites... no soy tonta, está claro que no le dije que era una «charla» de mi madre, hablé como si lo hubiera descubierto para un trabajo que me mandó el profesor de Ciencias.

Modestia aparte, creo que le cogí de sorpresa y oyó todo hasta el final. Y reconoció que muchas de las cosas que le había contado no las sabía. Siempre había oído que era mejor que el tabaco y con la «excusa» se auto-convencía y pasaba de la gente que le daba la paliza. Hablamos más sobre el tema y le pregunté por qué había empezado a fumar. Me dijo que fue porque en su pandilla todos fumaban y tenía curiosidad. Quiero decir, no fue la típica historia que se imaginan siempre los padres del «malo» que quiere convencer al «bueno», y me aseguró que tampoco era para que le aceptaran en la pandilla, porque les daba igual si fumaba o no. Dice que fue más porque mientras todos estaban «fumados», él no, y se quedaba mirando y se sentía excluido.

Y ya por no hablar de la curiosidad. Dice que cuando lo probó no le pasó nada malo. No sintió que lo necesitase en un futuro. Pensó que todo lo que había oído sobre la droga, eso de que era un vicio horrible, que no se podía vivir sin ella, era mentira. Por eso, todo lo que le dijeron de que los canutos eran malos, automáticamente pasó a parecerle una invención. Le expliqué que los efectos del canuto son a largo plazo, no aparecen así de repente ni se siente un vicio físico, pero que hay un vicio psicológico, te da la neura y te apetece repetir y después te empiezas a poner nervioso si no lo tienes a mano. Me reconoció que ahora cuando no tiene – aunque no fume – se pone un poco nervioso, con miedo de que le apetezca y no tener a mano. Entiendo su punto de vista. Si alguien nos convence de que la droga es mala, y de que tiene una serie de efectos y la persona la prueba y no ve ninguno, piensa que todo lo que nos habían dicho era para asustarnos. Creo que lo que le dije por lo menos le hizo pensar, pero no sé si dejará de fumar ya tan pronto. Si por lo menos fuese muy de vez en cuando. En lugar de ser un hábito. Pero ni sé, ni quiero saber, me duele la cabeza y me ha dado un ataque de mal humor contra el mundo y contra todos. Que nadie se me ponga delante ahora que me lo cargo...

30 de abril

245,57 euros...

De los cuales...

120,20 euros son a móviles.

¡Noooooooooo!

No había acabado de desdoblar la factura del teléfono y ya estaba gritando. Histérica es poco. Sentía que iba a explotar.

¡Margaaaaaaaariiiiiita!!

Creo que cualquier Margarita en un radio de 100 kilómetros hubiera dado un salto.

Grité, grité y grité. Le enumeré todo lo que había hecho por ella desde el momento de la concepción – vómito a vómito – pasando por las malas noches y acabando por la chupa vaquera comprada anteayer. Le hice ver lo egoísta y lo mala que era por traicionar mi confianza.

Sí, es traicionar. No hay otra palabra. Le regalé un móvil por Navidades, se lo recargo religiosamente, justamente para que no use el fijo para llamar a móviles. ¡Y me hace esto!

Es robar. Es lo que estos niños hacen. No hay otra palabra más suave para describir este asalto. Roban y roban, encima a su propia familia, a su madre y a su padre. De esto a que se tapen la cara y que vayan a robar un banco hay un paso. Si roban así a su familia, ¿por qué van a tener escrúpulos para asaltar a alguien que no han visto en la vida?

En serio, no le tiré de los pelos, porque mi Ángel de la Guarda me debió de frenar las manos. En lugar de eso, me puse a gritar.

La mandé a su cuarto para que señalase, una por una, las llamadas que había hecho. Y le juré que las iba a pagar. Y las va a pagar, claro que sí, quiero decir con el dinero de su paga y con el que me saque en un día de buen humor – ¡Todo sale del mismo sitio, caramba!

Voy a anular el abono familiar y a ver si lo puedo sustituir por acciones de telefónica, que dan derecho a la reducción de tarifas.

30 de abril

¡Menuda crisis! Ha llegado la cuenta del teléfono. Lo único que sé es que estaba en mi cuarto y que de repente oí a mi madre chillando. Supe al momento de lo que se trataba! Fueron 245 euros, 120 de móviles. ¡Me espera la muerte! Estoy aquí en mi cuarto señalando mis llamadas. ¡Hay un montón a Bonga!, jo, mamá también tiene que entender que el tema era muy serio. Mamá se puso a gritarme y me dijo que le estábamos robando. Y no me mató de milagro. También, ¿qué esperaba? Nada más recibir la cuenta me llamó a mí, a Rodrigo no, claro, a mí.

Vale, me siento mal por haber hecho tantas llamadas y gastar tanto dinero, pero apuesto a que Rodrigo tampoco ayudó mucho. Voy a revisar la cuenta y vamos a ver!

¡Ajá! ¡Rodrigo gastó 130 euros! ¡Y en concursos de televisión! Ya sé, ya sé, 130 euros de móvil tampoco es poco, pero por lo menos no tengo TODA la culpa. Hubo gritos, pero ahora para Rodrigo. No sé por qué pero me da que los gritos no le afectan ni lo más mínimo. ¡Menuda suerte!

30 de abril (por la noche)

Me trajo la cuenta con los números señalados y una tarjetita pidiéndome perdón, pero con una gran PD: «Rodrigo gastó 130 euros» ¿Rodrigo?, ¿con los ojos clavados en el microscopio o en los «tazos» o en las cartas de los «Pokemon»? Cayó como un chino en uno de esos concursos que cobran un ojo de la cara en las llamadas. Pobres niños, les anuncian los premios como si se ganasen sólo con llamar y ellos se lo creen. ¡Si ya se lo había avisado, hombre!

Le pedí disculpas a Margarita – no muchas, que 245 euros y pico menos 130 sigue siendo mucha pasta. Y a móviles...

Fui a hablar con Rodrigo. No pareció afectado ni lo más mínimo – éste se debe de creer que nuestra misión es servirlo. Y claro que volví a gritar. ¿Por qué parece que en casa me paso la vida gritando? ¿Qué es lo que tiene esta mierda, un agujero de ozono arriba, o qué? En la oficina no grito...

1 de mayo

Decidí analizar yo la cuenta, los números de Teresa, de Filipa y de Mariana ya esperaba encontrármelos. La verdad es que soy una curiosa empedernida.

Descubrí que hay un número nuevo y un móvil nuevo que aparece continuamente y que es precisamente el que tiene más tiempo en llamadas.

Le pregunté a Margarita que de quién era y ella, después de machacarme por ser, imagínate, una cotilla – una nueva palabra para mi diccionario personal – me lo contó. En tono de crítica, del tipo de «si me hubieras preguntado por qué había gastado tanto dinero en teléfono, antes de empezar a echarme la bronca, te hubieras ahorrado muchos gritos», y me dijo que Bonga se había intentado suicidar y que ella estaba haciendo de terapeuta.

Se me puso un nudo en la garganta. Conozco a Bonga desde que era pequeñito...

Dice que está harto de la vida.

«¡Harto de la vida a los 15 años, mamá!», decía Margarita indignada.

Menos mal que ella todavía ve el mundo en blanco y negro, menos mal que está tan convencida de sus palabras, porque estoy segura que le vienen bien a Bonga, pero... la verdad es que entiendo que a los 15 se esté harto de la vida, incluso más que a los 30 o a los 60. Todo duele mucho, es como si la sensibilidad estuviera, sin defensas, a flor de piel y no se hubieran creado todavía las resistencias que se van a fabricar sólo con el tiempo. Nos sentimos impotentes en relación a las cosas, no tenemos poder sobre nada, ni nadie, nuestros padres se pueden morir, separar, marchar, nuestros profesores pueden ser injustos, poner puntos (ahora exámenes...) cuando les apetece, los amigos de los que somos tan dependientes, juegan con nuestra amistad y nos manipulan hasta estar perdidos y el amor es tan sin sentido, tipo «me gusta Juan que le gusta Ana que le gusta Pedro». Entiendo a Bonga – por lo menos entiendo que alguien se sienta así a veces – pero lo que ya no entiendo es si habla en serio, porque morir es para siempre, no como en los dibujos animados, que se vuelve a la vida con tiritas en la nariz.

«Bonga no quiere morirse, Margarita, quiere no sufrir, no estar donde está, dar un salto hacia delante, o hacia atrás, pero salir de allí», esto fue lo que le dije a Margarita.

Y también le dije que era un peso demasiado grande, incluso para alguien como ella, tan capaz de ayudar al resto y de contagiarlos con su alegría. Que cuando amenaza con el suicidio, es mucho mejor hablar con un adulto, porque si Bonga algún día se suicidase, aunque fuese por una equivocación, sería un fardo demasiado grande sobre ella.

Se puso a llorar. Pobre Margarita. Pobre Bonga.

No conseguí que me contara mucho más sobre lo que pasaba. No conozco bien a su familia, pero los encuentro a todos medio tristes. No, no están divorciados, no hay padrastros, ni madrastras. Mejor eso, si fueran equilibrados y felices. Pero no, por lo que sé, la madre de Bonga tiene una depresión desde hace mucho, mucho tiempo, está siempre con chantajes emocionales. El padre de Bonga trabaja, trabaja, trabaja. Y Bonga, como no puede huir más de lo que huye – ya se pasa la vida aquí en casa, ¿¡¿a lo mejor era bueno que pasara más tiempo?!? – se ha dejado contagiar por la depresión. Porque la depresión es la cosa más contagiosa del mundo.

Creo que alguien debería llevar al chico a un psicólogo o a un psiquiatra. Cuando nuestros hijos tienen una amenaza de apendicitis, les llevamos corriendo al médico, cuando vemos a alguien con tristeza en el alma, estamos ahí confundidos, sin coraje para cogerle de la mano y ofrecerle ayuda en serio. Es una tontería. Continuamos con mucho miedo de las enfermedades mentales – como si la cabeza no mere-

ciera una mayor atención que un hígado o que un riñón.

Eso es. Voy a buscar el nombre de alguien. Margarita le da el nombre a Bonga, Bonga va y esta historia va a acabar bien. ¡Mañana mismo!

1 de mayo

La verdad es que mamá... no sólo se mosquea por la cuenta de teléfono, sino que ahora, quiere saber de quién es el móvil al que llamé. Si me lo hubiera preguntado antes, a lo mejor no hubiera hecho falta chillar tanto, ¿no? Bueno, pues acabé contándole lo de Bonga. ¡Le hice prometer que no se lo iba a contar a nadie! Si Bonga confía en mí, no quiero traicionar esa confianza, especialmente ahora que necesita una amiga. Estoy encantada de que me haya escogido. Mamá estuvo genial, me dijo que lo que Bonga quería no era morir, sino parar de sufrir. También me dijo que le aconsejara que hablase con un adulto y que no debería estar intentando resolver todo esto sola. Me puse a llorar, ¡me da tanto miedo! No le conté mucho de lo que pasaba porque creo que no debo. ¡Sólo le conté lo básico!

Voy a intentarlo todo para convencer a Bonga que vaya a hablar con un adulto, mi madre me dijo que me iba a pedir una consulta en un psicólogo muy simpático que ella conoce y que le exponga el tema como una orden. Mañana voy a merendar con él y se lo voy a decir.

2 de mayo

Rui se puso furioso con la cuenta. Hay en algunas cosas que está a favor de cerrar los ojos, pero en estas, no. Él también siente que están abusando y que necesitan que alguien les imponga un poco de disciplina. Se queja de la falta de tiempo, se enfada consigo mismo por estar poco en casa. Pero es mucho más práctico que yo – en lugar de culpabilizarse y gritar, toma decisiones, que es millones de veces mejor. Llamó inmediatamente a telefónica y pidió el bloqueo del número. Tarda una semana y hace falta mandar unos faxes, pero después lo bloquean. Yo me vuelvo menos pobre y es un motivo de discusión que desaparece, lo que es un alivio. Ya podía haberlo hecho hace más tiempo, pero no sabía que se podía. ¡Asunto zanjado! Espero...

4 de mayo

Diego no está muy bien, creo que sus padres están discutiendo mucho y las notas tampoco le van a las mil maravillas. He hablado mucho con él (¡NO AL TELÉFONO!), quiero consolarle, ayudarle, me encanta. Por lo menos de esto estoy segura. Y nuestra relación va genial. ¡No es una relación basada en el rollo, ni nada, es en serio, tenemos conversaciones larguísimas, confío mucho en él y él en mí! ¡Lo que me parece estupendo!

Estuve pensando el otro día. ¿Será que lo que siento por Diego es amor? Primero, ¿qué es el Amor? Pues para mí, es echar de menos a una persona, es querer compartir las cosas con ella, es respetar, comprender, perdonar. ¿Perdonar? ¿Se debe perdonar todo a una persona simplemente porque se la ama? No sé, creo que me gusta mucho, mucho, mucho Diego, le respeto, y él a mí. Le comprendo, o al menos lo intento; quiero compartirlo todo con él. Le echo muchísimo de menos y me parece que él me corresponde en todo esto. Pero no sé... Siento amor por él, ¡pero creo que tengo que sentir más! No sé, me encanta Diego pero creo que no le quiero. ¡No sé explicar bien la diferencia, simplemente creo que aunque vaya todo fenomenal no es a él a quien voy a querer para siempre! Probablemente no tiene mucho sentido, pero me pareció importante pensar en esto, ¡y escribirlo!

8 de mayo

Margarita se fue a casa de Juana, Rui a Oporto. Rodrigo se quedó en casa de sus primos.

Y yo estoy en casa, silencio, tranquilidad, una manta y un sofá, sin nadie que me gaste el nombre, ni que me haga levantarme de aquí para hacer cenas o planchar pantalones.

¿No era lo que yo quería?

Sí... pero por las tardes.

Por las tardes me gusta este plan, mejor dicho, por las mañanas también, pero al anochecer, cuando el sol desaparece y todo se pone oscuro, este silencio me crea ansiedad. ¿Se sentirán así las gallinas cuando oscurece en el gallinero y no tienen a los pollitos debajo de sus alas?

9 de mayo

Quedé con Bonga. Fuimos a un bar cerca de casa. Estaba decidida y dispuesta a suplicarle que hablase con un adulto de su problema y del de sus padres.

Cuando llegué, Bonga estaba con muy mala cara, debe de estar durmiendo fatal, ¡y eso de los «canutos» me preocupa! Bueno, empecé a hablar con él, le dije que el suicidio no era la solución, que tenía que luchar para ser feliz, que aunque parezca que el mundo se va a acabar, no es así. ¡Y que Dios nos dio esta vida y que no se la podía tirar a la cara! Se quedó mirándome y, de repente, se puso a llorar. Me dio pánico. No sabía qué hacer, me acerqué a él y le abracé. Cuando se calmó, hablamos más, me contó cómo iban las cosas y lo que sentía por sus padres y por la vida. Al final le aconsejé que fuera a hablar con un adulto, tal vez con un psicólogo, y le dije que se lo había contado a mi madre. Le pedí perdón y le dije que es que necesitaba contárselo a alguien. Se quedó tan mosqueado que llegué a asustarme. Se levantó y se marchó; me llamó traidora y todo. ¡Yo no lo había planeado así! Sólo quiero ayudarle. ¿Y si se queda solo, si siente que no tiene más amigos y comete alguna locura? No podría vivir con eso. Me voy ahora mismo a su casa. ¡Todavía son las cinco y me da tiempo para llegar a casa a cenar!

11 de mayo

Ayer no escribí porque estuve en casa de Juana. Quería ayuda para escoger la ropa que se iba a poner para salir con Tomás, por eso fui. Está encantada porque va a salir con él. Espero que tenga suerte.

Sobre el tema de Bonga: fui a su casa. Estaba con su madre. En esa casa hay un desorden... Pobrecillo. Fui a su cuarto. Primero me dijo que me fuera, pero, después de insistir para que me oyese, se calló. No sabía muy bien lo que decir y empecé pidiendo perdón. Le dije que lo último que quería era hacerle daño, que lo que quería era que buscase ayuda y que yo le acompañaría.

Le dije que encerrarse en sí mismo no le iba a ayudar y que tenía que estar dispuesto a ser feliz para poder serlo. Ahí fue cuando me prometió que iría si yo le acompañaba. Estoy muy contenta. Menos mal que dijo que sí porque yo ya no aguantaba no poder hacer nada por él. Ahora sólo falta que mi madre pida hora.

14 de mayo

¡Esta Francisca me saca de quicio! Filipa, Juana y Mariana me caen muy bien. Pero Francisca me saca de quicio. La veo demasiado lanzada. El otro día le oí contar una historia – cuando están todas juntas se olvidan de que hay un adulto por medio, no tengo la culpa, es el síndrome del taxista. Creemos que no está – y me quedé preocupada. Está llena de adrenalina, pero no tiene el Bien y el Mal muy bien definidos, hace lo que hace la gente que está a su alrededor. Me da horror. No me gustaría estar en ese aprieto, pero me moriría del disgusto si mi hija se olvidara de los principios más básicos, tan sólo porque a la que está a su lado se le han olvidado.

¿Qué es lo que sé de ellas? Las veo por aquí por casa, me encanta que estén por aquí, pero no sé más de lo que le quieren mostrar a la madre de su amiga.

Margarita se desespera un montón cuando comento algo de alguna – dice que las juzgo sin conocerlas, que de un detalle hago un todo. A lo mejor tiene razón, pero me he acostumbrado a creer en mis capacidades de lectora de personalidades. Probablemente me cuelo de vez en cuando, pero después no me resisto a volver a analizar a cualquiera que se me pase por delante.

Es horrible cuando la gente que nos cae bien critica a gente que también nos cae bien, porque lo que deseamos sobre todo es que a la gente que nos cae bien, le caiga bien otra gente que también nos cae bien, sin que, evidentemente, nunca le dejemos de caer mejor nosotros que la otra gente, por mucho que también le caiga bien. ¿Complicado?

No me extraña, son las dos de la madrugada y tengo que hacer las tarteras mañana a las siete de la mañana, lo que hacen cuatro horas de sueño, lo que es suficiente para que no me entren ganas de dormir, porque sé que cuando esté profunda, profunda, tocará el despertador.

10 de junio

¡Claro que no leí su diario! Nunca más lo vuelvo a hacer, lo que pasa es que oí una llamada. Estaba haciendo las camas en su cuarto y ella hablando altísimo en el pasillo. Ella, Margarita, claro.

Y la oí contar que se había «enrollado» con no sé quien, la noche que estuvieron en una discoteca en Lisboa.

Margarita, ¿enrollándose con un tiarrón cualquiera? Me puse a darle vueltas a la cabeza. Y me di cuenta de que no sabía muy bien lo que era «enrollarse» ¿Hasta dónde llega?

Voy a llamar a alguna de mis hermanas, ellas deben saberlo, Rita es profesora.

Es mejor, porque si voy ahora a preguntarle a Margarita, soy capaz de hacer algún disparate, o de decir algún disparate.

Después cuando esté más tranquila, le plantaré cara.

Es una tontería. Ya sé que es una tontería, pero después de esa conversación, creo que la miré de otra manera. ¡Cómo si ya no fuese tan transparente, tan cristalina, tan mía! ¡Qué tontería!

Los hijos no deberían de crecer, no deberían de hacerse adultos. Y es que, al igual que no me puedo imaginar a mis padres «enrollándose», sea lo que sea eso, también me cuesta imaginar a mis hijos «enrollándose». Además, creo que es mejor no pensarlo – para mí son mis hijos, y como hijos los voy a ver hasta la eternidad, aunque sean más altos que yo, hablen con la voz más grave y tengan, ellos, sus propios hijos. «¡Traídos de París, por una cigüeña!»

11 de junio

Esto es todavía peor de lo que pensaba. Peor o mejor, yo qué sé, ya ni sé.

«Enrollarse» es lo que nosotros llamábamos «achucharse», más o menos, por lo que entendí.

Me lo dijo Rita, y después me armé de valor y con el pretexto de que necesitaba información para una amiga mía que estaba escribiendo un artículo sobre el tema para una revista, le pregunté a Margarita y a sus amigas.

Al principio se quedaron un poco cortadas pero después hablaron del tema con una normalidad que, sinceramente, me da hasta envidia. Si mi madre me hubiera preguntado algo de eso creo que hubiera salido de la sala tartamudeando...

Y me enteré de lo peor, que enrollarse es casi un juego, que se puede jugar con cualquiera. Quiero decir, no tiene que ser con tu novio o novia, alguien de quien estés enamorado. Es más tipo un entretenimiento, o como me explicaron las niñas, ¡algo que se hace «para ver si resulta»!.

«¿Para ver si resulta?» ¿Pero si «resulta» cómo? «¡Si resulta para salir!» decía una... «Si hay chispa» decía otra.

Están locas. O iguales a los chicos, que es lo mismo. ¿Se me pasaría a mí por la cabeza llegar a la oficina y ponerme a dar picos a mis colegas, a ver si «resultaba» con alguno? Tipo «Mira, hasta hoy no me había fijado en ti, no me atraías ni lo más mínimo, pero déjame que te diga que, desde que te besuqueé, la cosa ha cambiado. ¿Eres del Sporting o del Benfica?».

O peor, enamorarme de alguien, pero después de enrollarme con él, decirle: «Eres muy mono, pero tu rollo, hijo.... ¡A ver si das unas clases y después hablamos!».

Les eché un sermón a la antigua. ¿La habré educado mal? Por si las moscas se tragó el sermón, que mal no le hace, y alguna cosa ya se le quedará.

Les dije que estaban perdiendo el tiempo y que se estaban arriesgando a coger una mononucleosis o una hepatitis. No me lo creo, ¿dije eso?, claro que lo dije.

Y les expliqué que enrollarse, liarse, hacer el amor es lo mejor del mundo, es estar en el paraíso, ver las estrellas, la Luna y el Sol al mismo tiempo, pero cuando se está enamorado, cuando se quiere y se confía en el otro.

¿A quién le gusta entregarse a alguien que, al día siguiente, se puede marchar, llevar nuestra alma y contar todos nuestros secretos a cualquier idiota a quien le va a hacer lo mismo? Y esto se aplica también a los chicos, atajé rápidamente, que no me gustaban los machismos absurdos y de verdad creo que ellos sufren lo mismo que nosotras.

Ellas escucharon. Más o menos calladas y sin risitas... Debe de haber sido para ser educadas. Me da exactamente igual, a lo hecho pecho.

Es raro. Racionalmente, claro que soy capaz de pensar en sexo con placer y sin amor. Pero emotivamente me da asco la idea de pasar esa fantasía a la práctica. Y me daría mucha pena si mis hijos probasen el sexo sin amor – especialmente al principio. No se deben ver las mismas estrellas y yo quiero que posean el cielo con todas las constelaciones.

Me entró la nostalgia.

11 de junio

¡Parece que mi madre se ha quedado parada en los años 60! O en los 70, da igual, que cuando se lo digo, me responde siempre que nació después. Primero le da por los sermones sobre la droga, a mí que conste que me parece bien, aprendí algunas cosas, lo confieso. Pero ahora no para con la historia de enrollarse. Por mucho que Filipa y yo y las amigas que estaban aquí se lo explicáramos, sólo salía con cosas tipo: «¿Y si yo llegara a la oficina y me enrollase con el señor Rodríguez a ver si 'resultaba'?».

Qué chorrada de idea – con el señor Rodríguez, ¿ese asqueroso, de bigotito, que trabaja en contabilidad o dónde sea? Se ve perfectamente que no entendió nada y, como la parrafada tampoco iba a cambiar, nos guiñamos los ojos y fingimos que nos estábamos tragando todo el sermón. Así se quedó contenta y pudimos volver a ver el video de «Armageddon», que es una locura. Lo de «me marcho en avión, no sé cuando volveré...» es genial. Ella es guapa, él es guapo y yo tengo que gorronearle el disco a mi padre, que tiene una versión de Peter, Paul y Mary.

11 de junio (o mejor, 12 – ya son las 2 de la madrugada)

Ah, de lo de enrollarse. Había decidido no contarle nada a Rui. Él es padre, ella es hija. No es que el chico sea de esos machos ibéricos prepotentes que amenaza con partirle los cuernos al tío que se acerque a su hija sin haberle pedido primero la mano, pero me parece que no es un tema para un padre.

Incluso me puse a escribir esta tarde, a ver si se me pasaba la urgencia de contarlo y poder compartirlo con alguien. Y, aparentemente, se me había pasado. Pero soy una débil, ¿o seré mala? No sé, el caso es que no resistí a hablarle del tema. Por encima, pero se lo conté. Se quedó un poco parado, y siempre se le mueven los ojos, pero esta vez se quedaron un poquito parados.

Después sólo me dijo:

– No debías escuchar las llamadas de Margarita.

Y nada más.

12 de junio

Fue sólo eso, sólo, lo que dijo Rui – que no debía escuchar las llamadas de Margarita.

Esto fue ayer, pero todavía lo sigo mascando. La frase no se me va de la cabeza. No sé si será así – y, además, no la oí a propósito, y después, si no la hubiera oído no le hubiera soltado, a ella y a sus amigas, aquel sermón – del cual algo se les habrá quedado. Aunque sea a la fuerza. Espero. Y si no les decimos lo que nosotros pensamos, ¿cómo saben en qué pensamos?

«No debías escuchar las llamadas de Margarita.»

Pues no, si hablase más bajo, no la escucharía. De acuerdo, es verdad, le podía haber soltado el sermón en cualquier momento, a raíz de una telenovela o algo así, pero la verdad es que ella tampoco sabe que la oí, por eso desde su punto de vista, es como si hubiera sido a raíz de una telenovela, o algo así.

A lo mejor Rui tiene razón, a lo mejor debía apartarme, dejarla que tenga su vida, que crezca en paz. A lo mejor tengo que ser muy cariñosa, dar mucho apoyo, pero no caer en la tentación de vivir por ella.

«No debías escuchar las llamadas de Margarita.»

A lo mejor no. Para él es fácil, no está tanto en casa. ¡Pero mi hija enrollándose!

25 de junio

Hoy ha muerto mi padre.

Hoy ha muerto mi padre.

Necesito escribirlo muchas veces porque todavía no me lo creo mucho.

Qué estupidez, si hasta yo quería que muriera. Ya llevaba mucho tiempo enfermo, el último año ya casi no hablaba, y lo más triste de todo es que había dejado de reír, incluso de sonreír, y yo que siempre conseguía hacerle reír... Yo quería que muriera para guardar viva su memoria tal y como era y tenía miedo – siempre que lo veía ahí postrado en su cama – que aquella imagen se superpusiera a la otra y la borrase.

Y como creo en el cielo, me imaginaba cómo sería recibido cuando llegara, quién tendría para hacerle compañía, amigos de verdad, porque no era de esos a quien se le dice buenos días y buenas tardes, ni tampoco era de los que apetece estar un día entero con él y mucho menos una eternidad.

Me lo imaginaba haciendo sus gracias y contando sus historias a un cortejo de ángeles, llevando a los bebés, los que mueren cuando son pequeñitos, a pasear por los jardines y a enseñarles los nombres de las flores del paraíso, como hacía conmigo en el jardín de casa.

Pero hoy, cuando me enteré que había muerto, me sentí tan triste, tan sola, tan huérfana. Me reproché por no saber que hay cosas que siempre son un choque, que no existe preparación posible para la añoranza. Mi padre estaba enfermo, pero estaba en su cuarto, en la casa donde viví casi toda mi vida. Cuando ya no podía más con la oficina, con el tráfico, con mi jefe, siempre pensaba – doy carpetazo por hoy, me voy a mi antiguo cuarto a dormir una siesta y cuando mi padre me vea aparecer se le pondrá en la cara una enorme sonrisa.

Ahora me siento sin norte ni sur, sin retaguardia.

Me mimó mucho, probablemente a la que más. No sé si a la que más, lo importante es que me mimó. No me prestaba la misma atención que la que Rui presta ahora a los niños, ni me hacía los elogios que se hacen ahora a los niños, pero sentía que me miraba a mí y al papel y al lápiz que llevaba siempre en la mano y que se veía un poco en mí. Y se enorgullecía.

Estoy oyendo a Margarita llorando. Voy a verla. Es la primera persona tan próxima que pierde. Me acuerdo que cuando mi abuela murió, yo la conocía poco, vivía lejos, pero me afectó un montón, a lo mejor porque no aguantaba ver a mi madre triste y no poder hacer nada, a lo mejor porque si la madre de mi madre había muerto, mi madre también podía morir. Todavía hoy rezo a todos los santos todas las noches para que mi madre, a la que siempre llamo cuando estoy enferma, nunca muera.

25 de junio

Querido Diario,

Mi abuelo ha muerto. ¡Me siento tan mal! ¡Lo peor de todo es que tengo miedo por mi madre, bueno, no es exactamente miedo, es más pena! ¿Cómo se sentirá? Me apetece preguntarle y consolarla, ¡pero es que en el fondo me da vergüenza! ¿Por qué nos dará vergüenza abrazar y decir a nuestros propios padres que los queremos? ¡Hay tantas cosas, tantos sentimientos que siento y que no entiendo! ¡Ya sé que a mi madre le gustaría que la abrazara!, ¡y en el fondo quiero consolarla con un abrazo! ¿Entonces por qué no lo hago?

Siento como un vacío dentro de mí. Si lo pienso, lógicamente sé que ahora que está en el cielo está mejor, en serio, creo que ahora está mucho, muchísimo mejor. Pero de todos modos, sigo estando triste. ¡Se me pasan por la cabeza todos sus recuerdos y me apetece aferrarme a él! Lo más tonto es que me da rabia no haberle ido a ver más, no haberle dicho muchas más cosas de las que le dije. ¡No haberle dicho que le quería! Justamente igual que me cuesta ahora ir a abrazar a mi madre... Entonces, si ella también se fuera me arrepentiría, ¿no?. Si ya lo sé, ¿por qué no hago nada?

15 de julio

Esto de los diarios es algo extraño, decididamente nunca deberían ser la materia prima de una biografía. Las páginas con los momentos muy felices y con los momentos muy tristes están siempre en blanco. Cuando se está muy contento, hay otras cosas que hacer; cuando se está muy triste, guardamos las palabras en nuestro interior, fingiendo, intentando siempre fingir que no tienen nada que ver con nosotros, con miedo de pronunciarlas, como si fueran un hechizo que una vez lanzado, cayese sobre nosotros mismos volviendo la noche todavía más oscura. Después empezamos a mejorar y entonces todo se vuelve al contrario, lo único que apetece es escribir, dejar todo al desnudo y volver la espalda a cada palabra y a la tristeza que representó.

Estoy justo en esa fase.

Los que han tenido suerte en todo esto son Margarita y Rodrigo. Estas últimas semanas me he agarrado a ellos como una lapa, pero, en contrapartida, les he dejado hacer todo lo que les ha dado la gana, he intentado simplificarles las idas y las venidas y he evitado, por encima de todo, las discusiones inútiles.

Cuando estamos tristes por algo realmente grave e intransferible, las peleas por motivos absurdos son totalmente insoportables.

No han abusado. Han entendido lo que estaba en juego, han aprovechado la bonanza y a cambio me han dado mimos, desayunos en la cama y han intentado reducir (¡nunca eliminar!!!) las peleas del tipo: «yo estaba antes», «de aquí no me muevo», «no, no puedes cambiar de cadena» y otras historias de este tipo.

16 de julio

Querido Diario

Ya estoy mejor. ¡Esta semana mamá nos ha dejado hacer casi todo lo que queríamos! Me apuesto a que si le hubiera pedido salir por la noche me hubiera dejado. Incluso así, fui incapaz de pedírselo. Otra cosa muy rara: cuando no nos dejan, suplicamos que nos dejen sea como sea. ¡Pero ahora que está frágil y que me dejaría, no me atrevo a aprovecharme! ¡Hasta he intentado pelearme menos con Rodrigo. ¡Lo que pasa es que a veces es tan pesado...!

Con Diego todo sigue fenomenal. Le hablé de mi abuelo, al principio no le conté mucho, pero él, tan mono, insistió y entonces empecé a contarle, acabé llorando delante de él. ¡Luego me sentí mucho mejor! Filipa a pesar de todo, también me entendió muy bien, y se está portando genial conmigo. ¡Qué bien saber que tengo amigos de verdad! ¡Qué suerte tengo!. ¡Echo de menos a mi abuelo, pero ahora me siento en paz porque sé que está bien!

Y todas las noches rezo. Sé que ahora está mejor que antes. Aunque no ayude a aliviar la tristeza. Pero me ayuda a sentirme tranquila. Como cuando se deja a alguien solo y nos sentimos mal por no poder estar con él. Y, de repente, llega alguien. Alguien que sabemos que puede hacerle más feliz de lo que podríamos nosotros. Entonces, la tristeza se vuelve nostalgia. Y los recuerdos se vuelven felices.

20 de julio

¡Me encanta que estén de vacaciones! ¡Me encanta hasta las 12:30!

Como odio los madrugones y los despertadores, levantarme antes de que haya luz en el cielo, me entusiasma que no tengan colegio – ya pensé incluso en contratar una profesora para casa como se hacía antiguamente. Me levanto tranquilamente, desayuno tranquilamente, salgo de casa tranquilamente y ellos se quedan en casa profundamente dormidos.

Lo peor es a partir de las 11 de la mañana. El móvil no para con miles de planes diferentes, y propuestas del estilo: «¿Puedo coger un avión a las Bahamas? – Venga mamá, si van todos mis amigos – pues cuando lleguemos, acampamos allí, llevamos comida y volvemos cuando nos quedemos sin dinero» o «¿Puedo ir a casa de Catia Ivette? – claro que sabes quién es, mamá, si te hablé de ella la semana pasada – ¿Que es en Vilamoura? ¿Para qué quieres saber con quién voy y cómo?, por Dios, mamá, ¡tengo casi 15 años!»

Incluso cuando estoy de acuerdo y ya está todo arreglado, es algo pasajero. Una hora después hay otra llamada diciendo que al final en vez de ir a buscarla a la estación de Cascais, mejor que vaya a la de Ericeira «es que allí hay una fiesta de un amigo, que acaba a las seis de la mañana, pero no te preocupes que el padre de Rafa, que es pescador, llega a esa hora de pescar sardinas y nos lleva...»

Lo peor es que soy una anormal perdida que debía consultar un psiquiatra, porque en vez de decir que no y punto, como quiero ser una madre del siglo XXI, grito, protesto, suelto sapos y culebras e insultos, pero al final cedo.

Me desespera mi falta de capacidad para anteponer mis propios intereses a los suyos. Trabajo como una negra en esa oficina – y encima el aire acondicionado está estropeado y nadie viene a arreglarlo – y ellos acaban con mi paciencia, con mi energía y con mi dinero.

No consigo decir que no, si no tengo la seguridad que debo decir que no. Y cuando la tengo, no me cuesta nada y me sale con tal convicción, que se limitan a tragar sin protestar. Pero cuando no sé bien si son preconceptos o miedos míos, me pongo insegura y ellos como se dan cuenta, me machacan hasta el final.

Pero ya que digo que sí, ya que me dispongo a hacer lo que sea, a ir a buscarlos a la Conchinchina y llevarlos a Burundi, por lo menos podría hacerlo bien y por las buenas, pero no lo hago. Estoy todo el rato pasándoselo por las narices.

Lo que yo querría, es precisamente lo que quiero del equipo que trabaja conmigo, de mis hermanos, de mi asistenta – sería que cumplieran mi voluntad porque saben que es lo que me hace feliz. Pero sin que tenga que pedírselo y mucho menos que exigírselo. Eso es lo que me descompone, que sepan que me están pidiendo algo que me cuesta y que me fastidia y que no lo reconozcan voluntariamente, sin que yo quede como una bruja.

En resumen, lo que yo quiero es ser una bruja mala, pero pareciendo un hada buena.

21 de julio

Querido Diario,

¡Ay!, ¡Qué gozada estar de vacaciones! ¡Acostarse tarde y amanecer tarde! Ese es mi lema. No estudiar, no tener que aguantar a los profesores, no tener que encontrar disculpas de última hora por no haber hecho los deberes – creo que este año dije como diez veces que no me había sonado el despertador y cincuenta que había comido algo que me había sentado mal. A ver si ahora a la línea esa SOS para niños, se les ocurre denunciar a mis padres por creer que no nos saben cuidar y que nos ponen cenas envenenadas. Pero ahora todo eso ya se acabó. Vacaciones... sin stress. ¡Menos, claro, cuando es para pedir algo que, a los ojos de mi madre, está completamente fuera de lugar! ¡Por lo menos dice que sí bastantes veces! Tengo amigas que tienen madres insoportables que nunca les dejan salir. ¡Mi madre piensa que una madre como debe ser tiene que ser tipo Hitler! Pero no sabe lo equivocada que está. ¿Cómo piensa que mis amigas se sienten con esas madres? Cada vez que las llaman para ir a algún lado: «Ay, es que no puedo ir... porque mi madre...», para no hablar del peñazo que deben de aguantar en casa. Menos mal que tengo a mi madre. Diego, yo y la playa, hummm, no hay nada mejor. Seguimos saliendo, ¡qué pasada! Sus amigos, ahora son mis amigos, yo ya no soy yo, ni él es él, ahora somos nosotros. ¡Y es tan bonito!

Encima Bonga está mucho mejor. Creo que las vacaciones son buenas para todo el mundo y las consultas del psicólogo que le buscó mi madre le deben de estar haciendo efecto. A lo mejor también es porque se pasa la vida en la playa haciendo surf – a lo mejor le apetece hacer surf porque se siente mejor... y no sé si le gusta una – por lo menos no habla de otra cosa, ¡lo cual es mucho mejor que estar con el disco rallado de que esta vida es una porquería! ¡Lo bueno es que Diego y él se llevan muy bien!, hacía mucho tiempo que no veía así a Bonga, habla más, se ríe y sale con nosotros. ¡Ay! Esta vida es tan buena, por lo menos para algunos. Filipa lo dejó con Gui, pobre, está fatal, pero con las vacaciones cuesta menos, y ¡creo que ahora le gusta un amigo de Diego! Ya veremos...

1 de agosto

Estamos de vacaciones, vamos a la playa, «lá, laláIa, lá». Aprendí esa canción con mi hermano mayor cuando tenía 10 años y nunca empiezo las vacaciones sin ponerme a cantarla.

Dos días más en la oficina y acabaría tirando los procesos a la cabeza del idiota ese del nuevo señor socio. Ha tenido la suerte de que últimamente estoy con tanto trabajo y con tantos plazos que ni he levantado la vista para discutir con él. Y estas últimas semanas, desde que cerró el tribunal, prometí que iba a organizar mi despacho y que iba a poner los archivadores en orden, para poderme ir de vacaciones con la conciencia tranquila, y sobre todo, no pasarme los días sintiéndome culpable por haber dejado a tanta gente colgada, etc. Lo bueno es que los tribunales también cierran y los clientes se quedan psicológicamente preparados para que no pase nada estos días.

El primer día de vacaciones me llevé a Rodrigo a «Toys 'R Us». Primero porque últimamente le he prestado muy poca atención y segundo porque quería una tabla de bodyboard – mañana nos vamos una semana a Vila Nova de Milfontes.

¡Lo malo fue cuando pasé por el pasillo de artículos para fiestas! ¡Tuve una idea fantástica! Como dentro de una semana es mi cumpleaños, decidí hacer una

fiesta tipo niña pequeña, con platos y servilletas de muñecas, globos y trompetas. De comida va a haber sólo pizzas y de postre helados, Voy a mandar de esas invitaciones cursis, del tipo «¿Quieres Venir a Mi Fiesta?». Me emocioné tanto que llené la cesta – también con muñecos de los Pokémons.

Lo peor fue cuando iba a pagar en la caja. Cuando le conté a Rodrigo mi plan, se puso blanco y me armó un guirigay, que si era ridícula, que ese día no se quedaba en casa ni loco, que si no me preocupaba lo que la gente pensara de mí. Intenté explicarle que nunca había tenido fiestas como las suyas, que en mi época no había nada de estas cosas llenas de muñecos, que a los 39 años me parecía que tenía derecho a lo que él había tenido desde que nació.

Pero nada. Es un terco, se enfurruñó y estuvo todo el camino sin hablarme. Llamó a Rui para pedirle que me impidiese cometer semejante locura y avergonzarlo delante de todos nuestros amigos y mucho peor, delante de los suyos, que siempre aparecen en casa por estas épocas. Rui se limitó a reír y le dijo que el día de mi cumpleaños podía hacer lo que me apeteciera. Se encerró en su cuarto y, en cuanto oyó a Margarita llegar, la llamó.

Margarita me vino completamente pasmada, medio incrédula, pero pasado un rato, cuando confirmó que sólo era un acceso puntual de locura, también se rió, lo que puso a Rodrigo todavía más furioso.

Sólo decía que era adoptado y que quería que le volvieran a adoptar, pero con la condición de ahora escoger él a los padres, ya que la última elección – la de la familia donde estaba obligado a vivir, o sea, la nuestra – había sido desastrosa.

Yo le entiendo. A mí también me daba muchísima vergüenza que mi madre fuera a la playa en bikini cuando me parecía que estaba un poco gorda, o que enseñase a mis amigos cómo montaba en bicicleta o cuando hablaba con todo el mundo por la calle o cuando me iba a buscar a la puerta de las fiestas, porque no confiaba en nadie más para que me trajese a casa. Pero ¿qué le voy a hacer? Ya me parece que los padres están bastante tiranizados por los hijos, como para prescindir de esta idea que tanta ilusión me hace, por una rabieta suya. Puede que esté gagá, puede que él tenga razón, pero ¿por qué nuestra vida de adultos tiene que ser gris y monótona? Tengo una cuñada que dice que la gente sería más feliz si se vistiera de colores chillones y pintara la casa por dentro y por fuera, con colores alegres.

Está decidido y punto.

Rui me llamó – es tan cariñoso y especial. Ya sabía que después de la escena con Rodrigo, iba a estar llena de dudas, decidida a no hacer nada que agitase las aguas o que pudiera hacer infeliz a alguien. Y me llamó para decirme que hiciera una fiesta con gelatina y con globos, que él se comprometía a inflar los globos. De todas maneras, imagino que Rui se debe de sentir un poco como Rodrigo – porque él es bastante más serio que yo y no me creo que ésta sea su fiesta ideal.

Además estoy segura de que preferiría un cordero al horno a unas pizzas maltrechas de una pizzería de Vila Nova de Milfontes.

Pero, en fin, me compete a mí rejuvenecer a los dos.

Debe de ser congénito, pero como Rui era mucho más soso de lo que es, espero que Rodrigo aprenda que, con el tiempo, la gente puede hacer todo lo que le haga feliz sin pararse a pensar si tienen o no edad para hacerlo.

¡Voy a ver si Margarita me ayuda a rellenar las invitaciones! Espero que a mis amigas les haga gracia recibir unos sobres pequeñitos de colores en el buzón.

2 de agosto

Definitivamente, ¡mi madre no está bien de la cabeza! ¡Me gusta que sea así, pero no deja de estar loca! Como es su cumpleaños dentro de poco, decidió hacer una fiesta tipo niña pequeña. Y compró gorritos... y platos de dibujitos!! ¡Es preocupante! Pero muy divertido. Cuando Diego se enteró le dio la risa. ¡Me dijo que mi madre era genial! Y mi padre también se rió bastante. Creo que mi madre a veces piensa que tengo vergüenza de ella. Pero para nada la tengo, al contrario, la admiro. Y mi hermano también, a pesar de la escenita que le montó hoy, intentando convencerla para que no comprase nada. ¿Quién dijo que estar loco no es bueno? Por lo menos es divertido. Por lo menos no vive como si la vida fuera un peñazo.

Hasta luego.

6 de agosto

Ya estamos en Vila Nova. ¡Y mañana es mi cumpleaños! Hace un tiempo espléndido y he estado horas en la playa devorando libros. Rui se pone nerviosillo en la playa, en seguida empieza a inventar idas al supermercado y a la droguería, a buscar bombillas y a leer infinitos manuales de ordenadores y de móviles. Sólo se calma por la tarde-noche cuando queda con sus amigos para ir a tomar unas cañas y a picar algo de marisco, o altramuces o lo que sea.

Margarita los primeros días estuvo triste y parecía como teledirigida desde el espacio – a veces pienso que unos extraterrestres han colocado un chip en la cabeza de estos chicos y que reciben órdenes a través del móvil. Dejó a Diego en Lisboa y le echa un montón de menos. La entiendo perfectamente. Pero ahora ya está quedando otra vez con sus amigos de aquí.

Rodrigo ya está más de acuerdo con la fiesta y dijo que iba a inflar globos con Rui.

6 de agosto

Tengo que escribir, para que no se me olvide. Vi un escaparate y decidí comprarme unos pantalones: unos vaqueros con manchas de tinta. Cuando llegué a casa me los probé. Margarita entró en mi cuarto, abrió los ojos y dijo: «Mamá, me voy a dar la vuelta, luego te vuelvo a mirar y espero no ver lo que acabo de ver». Me entró la risa.

A lo mejor es que he vuelto al pasado, el hecho es que siempre encontré la ropa de las cuarentonas muy aburridas y no tengo pachorra para la falda y chaqueta, tipo azafata de avión.

La ropa de los chicos es más divertida. La usaré hasta que me quepa y punto.

También me quería hacer unas trenzas pero... no me quiero pasar.

Mañana es mi fiesta. Siempre me pongo muy nerviosa con mis cumpleaños. Avisaba a la gente con meses de anticipación. ¡A ver qué tal resulta una fiesta de Pokemons!

Hace un rato me acordé de mi padre y sentí que los ojos se me llenaban de lágrimas. Estoy segura de que le haría gracia esta idea de hacer una fiesta de cumpleaños a lo niña pequeña. Esté donde esté, va a estar aquí conmigo soplando las velas.

6 de agosto

Ya estoy en Milfontes. ¡Echo tanto de menos a Diego! ¡Ayer se enfadó un poco conmigo, pero ya está todo bien otra vez! Es que cuando llegué, le llamaba varias veces al día. Cuando volví a ver a todos mis amigos, empecé a dejar el móvil en casa. Me lo estoy pasando tan bien que no tengo tiempo para llamarle tantas veces. Lo que para nada quiere decir que me guste o piense menos en él. Y fue lo que le dije hoy. No es nada posesivo ni pesado para estas cosas. Pero... se quedó en Lisboa porque está trabajando en una tienda este verano para sacarse dinero. Creo que con novios, el que se queda, se queda siempre peor. No hay nada nuevo que hacer, el tiempo pasa más despacio y se echa más de menos.

7 de agosto (muy de noche)

Al final resultó ser una idea brillante. La fiesta, claro. Mis amigos soportaron con una sonrisa condescendiente mis infantilidades y se comieron las pizzas, medio frías, con toda la dedicación que se puede esperar de quien nos conoce desde hace veinte años y que no nos quiere ver decepcionados. Bueno, a lo mejor no fueron tan altruistas, creo que se lo pasaron bien. De hecho, pillé a Juan, a Luisa y a Teresa jugando al juego «de la pata coja» fuera en el patio con los chicos. Sí, con los chicos que, primero se pusieron en una esquina diciendo que menuda rada, pero que a la mitad de la noche ya estaban completamente integrados, riéndose y diciendo tonterías. Acabaron todos tirándose globos llenos de agua. No pasó nada porque hacía calor, pero francamente no es la parte de la infancia que más me gusta. Lo que más me gusta, decididamente, y sólo lo puedo confiar a las páginas de un cuaderno arrugado, es ser el centro de atención. Y eso, cuando se tiene a una familia entera a tu cargo es difícil. Por eso ¡una vez al año...!

9 de agosto

Tuve una movida horrible con Diego. Y lo peor es que aunque no fue por mi culpa, él tiene bastante razón. Lo que pasó fue: ayer por la noche salí con mis amigos de aquí, y Tomás – uno que es bastante amigo mío – empezó a soltarme el rollo en la cena y a decirme que estaba muy guapa y que le gustaba mucho. Luego, cuando llegamos a la discoteca empezó a bailar conmigo y me invitó a una copa y tal... después me dijo que quería hablar a solas conmigo. Y salimos fuera. Me dijo que quería enrollarse conmigo porque le encantaba. Le dije que yo tenía novio y que me gustaba mucho. Él dijo que no se lo contaba a nadie y que no pasaba nada, que estábamos en verano y que seguro que Diego estaba haciendo lo mismo. Yo me puse de los nervios y decidí irme. Y entonces ¡Tomás me cogió y me soltó un beso! ¡Imbécil! ¡Pringado! ¡Idiota! No sé que más llamarle. Me fui a casa. Al día siguiente se lo conté a Diego. Fue por una cuestión de conciencia, me daba cosa no contárselo y, yo que sé, me dio miedo, necesitaba desahogarme. Pero él se puso a mil, me dijo que nadie se me «lanzaría a la boca» si yo no le hubiera provocado. ¡Qué asco de frase! Sólo de oírla me puse de mal humor. Después fue todavía peor porque me dijo que la culpa era mía. Intenté explicarle que yo no tenía nada que ver. Que dije que no, y que me largué. Él dijo que tenía que trabajar y ¡colgó!

¡Me siento tan mal! Pero yo no tengo la culpa, ¡Mierda! y encima estoy de los nervios. ¡No me gusta que no confíe en mí! Serán brutos, el uno y el otro. No pude hacer nada. Y en vez de consolarme...

Pero no sé. ¿Esta noche le llamo?

Y desde luego, ¡Tomás se va a enterar! ¡Idiota!

¡A todo esto mi hermano está todo emocionado con una de aquí! ¡Y por lo visto ella está interesada! ¡Hasta está más simpático con nosotros! Sinceramente, no sé qué le habrá visto ella. ¡Yo no le aguantaría! ¡Mejor! ¡Cuanto más le aguante ella, menos le tengo que aguantar yo!

Voy a cenar. Si por lo menos estos nervios me quitaran el hambre.

9 de agosto (después de cenar)

Llamé a Diego. Estaba acostado y estaba muy tranquilo. Empecé a hablar con él. Le volví a explicar todo. ¡Y parece que esta vez lo entendió!

Me dijo que lo que le mosqueaba no era lo que había pasado, sino tener que estar más días aquí con él. ¡Le dije que Tomás era un imbécil y que tenía que confiar en mí! Le dije que me gustaba mucho y que no le iba a poner los cuernos. Menos mal que todo fue tan bien. Aunque lo de «lanzarse» todavía me retumbe en los oídos.

También hablamos de Bonga. Ha empezado a trabajar con Diego. Se han hecho amigos en serio. Y por lo visto hay una chica del trabajo que sería una buena novia para Bonga – por lo menos así estaba ocupada con Bonga y no se interesaba por Diego. Me hace sentir bien pensar que he ayudado a Bonga aunque no haya sido mucho. Ahora ya no habla tanto conmigo, a lo mejor habla más con Diego pero eso es porque es un chico y aunque me da pena ya no ser la única especial de Bonga, me alegro un montón por él. Le pedí a Diego que le hablara de los «canutos». ¡Abusa de ellos! Es un problema que no puedo cambiar en Bonga. A lo mejor Diego puede.

9 de agosto

¡Qué pesadez esta manía de quitarme el móvil para hacer una llamada «sólo de un minuto»!. Luego se pasan horas y, encima, no me lo devuelven. Lo dejan en su mesilla de noche y yo, si quiero, que lo vaya a buscar; si no, mucho mejor.

¡Qué pesadez, de verdad! Pero es como me decía Rodrigo, con descaro:

Cuando dices que somos maleducados, ¿qué quieres decir? ¿eh? Fíjate en la palabra: Que alguien nos educó mal.

¿A que te doy una bofetada? – le dije. Abusones, tontos, malcriados ¡y encima con toda la razón! No hay una combinación mejor para hacer explotar una bomba nuclear dentro de nosotros: porque el dichoso niño tiene toda la razón. Es fácil, de hecho. No quiero

que usen mi móvil, pues no se lo dejo y punto. Pero no, quiero ser simpática, quiero dejárselo, me acuerdo de mi noviazgo con Rui y de la ansiedad que sentía cuando estaba lejos, y entonces cedo. Y luego, en lugar de castigarles cuando no me lo devuelven en el plazo estipulado, no. Voy yo a buscarlo, una vez tras otra, siempre con las mismas amenazas que todo el mundo sabe que no voy a cumplir. Y lo peor es que es en las vacaciones cuando me doy cuenta de lo mal educados que están. Rodrigo es que ni sabe comer en la mesa como Dios manda, por lo menos con cuchillo y tenedor. Y Margarita no sé si sabe o no sabe, porque además de comer poco, no para quieta ni sentada el tiempo suficiente para yo verificar nada – se pasa la vida corriendo al teléfono, o a la puerta, o a la terraza a gritar recados a los amigos que la vienen a buscar. Mira ¡que se fastidien todos! Estoy de vacaciones y no pago una fortuna por dos semanas aquí para pasarme el día culpándome por no ser perfecta, Soy como soy, la madre que sé ser. Si no entienden que todo lo que hice fue por quererlos tanto y por su bien, si no siguen mi ejemplo y no quieren a sus hijos ni a la gente que les rodea como lo hago yo, qué se le va a hacer! Hice lo que pude. Y ahora me voy a la terraza, que todas mis hermanas ya están ahí y un encuentro de hermanas es algo que no me pierdo por nada de este mundo. Las adoro y ellas por lo menos no me hacen sentir culpable, ni mal tampoco. A parte de eso, sus hijos son tan monos y bien educados, y ellas se quejan tanto de ellos, que yo también tengo la esperanza de que los egoísmos y las tonterías de los míos sean sólo para consumo interno.

De todas maneras, mañana confirmo si Margarita sabe usar el cuchillo y el tenedor – ¡al mismo tiempo, claro!

10 de agosto

¡Se ha vuelto loca! Imagínate que mi madre hoy a la hora de la comida me pidió que comiera. Hasta aquí es normal. ¡Pero me pidió que comiera con cuchillo y tenedor para ver si sabía! Debe de haber tomado demasiado el sol. ¿Cómo cree que he comido todos estos años? Menuda paranoia. Le intenté preguntar por qué, pero sólo me dijo que era para saber si sabía o no.

Me estoy leyendo un libro buenísimo. Se llama «Cantante de Viento». Trata de una ciudad en donde todo es un examen. Y el objetivo del que manda en la ciudad es que la gente se esfuerce cada vez más. Si una familia tiene «buenas notas», asciende en la vida y puede, por ejemplo, vivir en una casa mejor, ser mejor vista. Y el libro va de cómo tres niños pequeños intentan ir a buscar la voz del cantante del viento, para que la ciudad vuelva a ser lo que era, sin competitividades ni rivalidades. Está muy bien. Es muy imaginativo. Y al mismo tiempo toda la aventura de como buscan y traen la voz del cantante del viento. También se ve cómo la gente que vive en un ambiente altamente competitivo se vuelve toda igual. Todo el mundo lo ve con naturalidad. No hay nadie que parezca entender que es un error y que tiene que cambiar.

Sigo leyendo.

17 de agosto

Ya estoy en Lisboa otra vez. Fui corriendo a ver a Diego. ¡Cómo le echaba de menos! Me pasé horas al teléfono con Teresa, no hablaba con ella hace bastante. Su hermana se fue de casa. Estaba muy triste. Cuantas más historias oigo de gente que se mosquea con sus padres, más me doy cuenta de la suerte que tengo. Me da pena. Está bastante unida a su hermana.

Debe de ser una movida. Aunque de vez en cuando no me importaría nada que mi hermano se fuese de casa. Ya discutimos hoy porque él quería ir a casa de Rita, su nueva novia, y se quería llevar unos CD's míos. Hoy voy a dar una vuelta en barco con mi padre. Siempre me ha gustado ir en barco y es una buena oportunidad para estar con mi padre tranquilamente. Sin trabajo, sin historias. Y estar en el mar. Es una pasada, Tengo que invitar a Diego para que se venga con nosotros. Seguro que le va a encantar.

2 de septiembre

Hoy he vuelto al entrenamiento de Capoeira. El gimnasio cerró en verano por eso estuve sin hacer nada. ¡La Capoeira es una pasada!, Sólo llevo tres meses más o menos, pero me encanta. Antes de apuntarme pensé en Judo, en Kárate, pero ahora que estoy dentro, estoy contentísima de no haber empezado otra modalidad, porque creo que es justo lo que estaba buscando. Porque es una mezcla de lucha y de bailes. No tiene esa parte violenta del judo, pero da la sensación de que la habría si hiciera falta y está muy bien.... y tiene música. Tiene todo ese rollo de la amistad y de «jugar» Capoeira en vez de luchar.

Básicamente, lo que hacemos en los entrenamientos son calentamientos (que no son nada fáciles) y después el profesor nos enseña unas «secuencias», que son una secuencia de movimientos. Después en las «ruedas» (que son los momentos que estamos todos en círculo con algunos tocando instrumentos y dos personas en el medio jugando) ponemos en práctica lo que hemos aprendido y vamos siempre intentando un poquito más. Creo que es precisamente en las «ruedas» donde más se aprende. Te puede tocar un compañero bastante mejor que tú y ayudarte, y también puede tocarte uno peor, que te sirve para controlar los movimientos e ir más despacio. Todo es importante.

Todos los años se hace un bautizo, se hace una «rueda» enorme y maestros portugueses y brasileños entran en la «rueda» y juegan con nosotros. Al final, si el candidato pasa, recibe un cordón de un color especial que significa que sube al nivel siguiente. El cordón siempre se lleva puesto. Los colores del cordón dependen del grupo. Otra cosa que me encanta de la Capoeira es que siempre hay un objetivo – o pasar a un cordón siguiente o aprender a tocar uno de los instrumentos o conseguir hacer un movimiento específico. Otra cosa graciosa es que el Maestro pone un mote a cada uno, algo que piensa que le pega. A partir del momento en que se tiene un mote, todo el mundo te trata por él. Hay motes como «Sonrisa», «Pequeña», «Zorro».

Después de un día de clase, cenar y salir de casa otra vez, sabiendo que al día siguiente me tengo que levantar a las siete de la mañana, es difícil y cansa. Pero vale la pena. Me siento bien cuando voy. Y aunque esté cansada salgo siempre de buen humor.

¡Ay! Dentro de poco empiezan las clases. Por eso necesito algo que me ponga de buen humor. Bueno la verdad es que tampoco está tan mal. Me hace ilusión ver a mis amigos, pero me cuesta un montón madrugar. Y dejar la playa, las salidas. En otras palabras... la buena vida. Pero este año las clases van a ser mejores. Escogí el grupo de Arte para librarme de las asignaturas que odiaba. ¡Adiós para siempre! Da gusto empezar a hacer lo que queremos y no lo que el colegio obliga. Además tenemos menos asignaturas, o sea ¡más tardes libres! También estoy deseando empezar las clases de guitarra. El año pasado aprendí algo con unos amigos del Instituto. Y este año he decidido apuntarme a clases. Me encanta tocar y este verano también me enseñaron algunas cosas. Es de los instrumentos que más me gustan. Se puede llevar a todas partes, no es muy difícil de tocar, me refiero a tocar sin echar cohetes, lo justo para tocar y cantar y que la gente reconozca las canciones. Y me parece genial para oírla. Me he puesto como objetivo tocar bien la guitarra, y me gustan los objetivos. ¡Me ayuda a salir de la cama por las mañanas!

4 de septiembre

Hoy mis padres se han ido a comer por ahí. ¡Qué discriminación! Nos han dejado en casa comiendo pizza (y menos mal. No me apetecía nada lo de ir a comer a un restaurante, esperar, etc). Han hecho bien en ir solos, es buena señal. Hay tantos padres que se separan... A veces me imagino cómo sería su noviazgo. Si fue tipo el de Diego y mío o totalmente diferente. ¿Tendrían grandes planes para el futuro y creerían que se iban a casar desde el principio o no pensarían mucho en el tema? Yo me quiero casar. Lo tengo claro. Quiero tener tres hijos. Todavía no he decidido muy bien el sexo. Puede que dos chicos y una chica, aunque después la chica estaría sola y sé muy bien lo que es aguantar a un hermano, ¡como para aguantar a dos! Entonces al contrario, pero pobrecito. Después de haber pensado mucho en esto, lo mejor es dejarlo en manos de Dios.

Luego pienso en lo que quiero de mi marido. Odio las peleas de «hazlo tú», «lo hago yo», pero la verdad es que veo que mi madre hace muchas más cosas en casa que mi padre. Lo mejor es trabajar mucho, en algo que te guste mucho y contratar una asistenta porque, además, como tenga que limpiarla yo... sería como si nada.

No en serio, lógicamente quiero trabajar, y mi marido probablemente también quiera, y la única solución será dividirlo todo. Está más claro que el agua que nunca pasará lo de: «amor, hazme la cena». No quiere decir que no la vaya a hacer de vez en cuando, pero me parece mal que lo pida. Prefería que la conversación fuese: «amor, voy a hacer la cena» y yo decirle: «no, hoy la hago yo, ¡ahora te la llevo!»...

Ay, ay, ay, ya me han echado otra bronca por el desorden de mi cuarto. Ya sé que tienen razón. Es que tengo tanto que hacer, ahora iba a acabar de escribir y a llamar a Juana. No se dan cuenta de que es una cuestión de prioridades. Y, si entraran menos aquí, no pasaría nada y además dejarían de molestarme.

10 de septiembre

Hoy estaba viendo un reportaje en la tele que decía que la mayoría de los portugueses de mi edad no se sabían el himno. Intenté cantarlo pero no me acordaba del final. Mi padre dijo que era una vergüenza y me hizo sentarme en el sofá a leerme el himno en la enciclopedia. Tiene muchos más versos que los que la gente normalmente canta.

Luego me obligó a repetirlo hasta sabérmelo de memoria. Vale, por lo menos como muy tarde, mañana me lo sabré.

Por el camino decidió que pintase la bandera de Portugal. Me salió hasta bien. La colgué en mi cuarto. ¡Viva Portugal!

Diego está super contento de que empiecen las clases – ha cogido Letras y dice que hacer lo que te gusta es lo mejor del mundo. Y que para él ir a clase ya no es un sacrificio. Ahora tiene todas las asignaturas que se le dan bien. Quiere ser periodista, quiere presentar el «Telediario». ¡Si yo me tuviera que poner delante de una cámara! Seguro que me partiría de risa y no podría articular palabra.

Hoy Bonga ha venido a verme. Me ha contado que se va a alistar en el ejército. ¿Por qué alguien querrá hacer la mili? Quiero decir, a mí me gustaría si fueran sólo dos días. Pero sólo por el hecho de tener que levantarte a las tantas de la madrugada, se me quitarían las ganas.

Está loco, pero a lo mejor hasta le viene bien. Puede que deje de fumar tanto...

14 de septiembre

Diego y yo hemos cortado. Tuvimos una movida enorme. Se puso todo chulito, dijo que se iba SOLO al cine con Vera (su ex). No me parece muy normal. No es que sea muy celosa, pero creo que se puede perfectamente ir a tomar café o algo así. Ahora, ¡irse al cine con ella!!!. No hacía falta, y entonces empezó a decirme que nunca le dejaba salir con nadie, que es una mentira como una catedral y eso sí que no lo paso. Pensé que me iba a quedar tristísima. Pero me dio tanta rabia, que – por lo menos por ahora, han pasado más o menos diez minutos y ni siquiera estoy ni triste. Ahora quiero concentrarme en las clases, en la Capoeira y en la guitarra. Hacerlo todo mejor. Lo único que me da más palo es: 1.º – Ver a Diego y 2.º – Las preguntitas de qué pasó. Por lo menos en la Capoeira no hay estas movidas, la gente está allí, juega, charla sobre la Capoeira. Y como sólo nos conocemos de ahí, aunque la gente se lleve bien, la vida personal no interfiere mucho – no se habla de los problemas de la vida diaria, ni del colegio. Nos concentramos en la Capoeira y se nos olvidan los problemas. Y nos lo pasamos bien. Es lo mejor. Mi «bautizo» es dentro de dos meses y me voy a esforzar al máximo para ganar el cordón.

Me he propuesto tocar bien la guitarra, y entrar en el equipo de fútbol del colegio. Son mis objetivos para este año. Ah, claro y olvidarme de Diego.

15 de septiembre

No debo ser una madre muy normal. Odio que vuelvan al colegio, porque detesto despertarles pronto. A pesar de la edad de Margarita, sigo siendo yo la que pongo el despertador y la que va a despertarla – es una forma de solidarizarme con un sacrifico que sé que es enorme. Y, si por lo menos se acostase pronto, pero no lo hace y luego está en el más profundo de los sueños y hay que sacudirla. Ahora no hace numeritos pero, cuando era pequeña, empezábamos el día a bofetada limpia – yo le ponía una media en el pie y ella volaba al otro lado del cuarto. ¿Por qué narices no empezarán las clases a las once? Era la mejor forma de diversificar los horarios de los padres y de solucionar los infernales atascos.

Uf, debían de ser buenos los tiempos en que se tenían profesoras en casa para enseñar a los niños. Y criadas para levantarlos. Y la señora de la casa dormía hasta más tarde y le traían el desayuno a la cama y decidía el menú. A lo mejor todo esto sólo existía en las películas porque las mujeres, pobres, estaban siempre embarazadas y con hijos pequeños.

A ver si yo también empiezo a acostarme antes, lo que pasa es que soy igual que ella, por la noche es cuando se me encienden las pilas.

15 de septiembre

Hoy estoy agotada. Ayer una amiga mía me dijo que creía que estaba embarazada. Me quedé horrorizada. Le pregunté qué había pasado. Me contó que se había acostado con su novio sin «pres.» y que estaba con una semana de retraso. Y que ella solía ser muy regular (¿cómo se puede hacer semejante estupidez?). Me suplicó que la acompañara a hacerse el test a la mañana siguiente. En el colegio. Por supuesto le dije que sí. Le dije que probablemente no sería nada. Me pasé todo el día (y la noche de paso), pensando en el tema. No dormí nada. Pensé en lo que le diría si estaba embarazada. Descarté la idea del aborto, a pesar de que, lógicamente, la apoyaría en cualquier decisión que tomase, por mucho que me costase, aunque me pareciera una barbaridad. Estoy en contra. Creo que nadie puede quitarle la vida a un bebé. Por muy pequeño que sea. Algunos de mis amigos argumentan que todavía no es una persona. No estoy de acuerdo, lo es igual en ese momento que unas semanas después, ¿no? Hasta puede llegar a ser una de las personas más importantes de la tierra. Y no tenemos derecho de privarle de todos esos derechos. De enamorarse, de estar triste, de llorar y reír y de ver todo lo que hay aquí. No es fácil ocuparse de un niño, claro que no. Y hay niños que tendrán una vida difícil, pero quiénes somos nosotros para decidir si ese bebé (futuro adolescente, futuro adulto), no prefiere tener una vida difícil y algunos momentos felices y conocer el mundo, a no tener vida. Creo que se debe pensar primero en el bebé. Si ha pasado, es porque tenía que pasar. Es lo que yo creo. Me quedé dormida, ya tardísimo, con la esperanza de que no fuera nada.

Yo, personalmente sólo quiero acostarme con alguien cuando me case. Es algo que me parece demasiado especial como para hacerlo con varios o con alguien que no «ame». Es un principio que espero y que confío conseguir mantener. Todo el mundo dice que estoy loca y que voy a cambiar de opinión. Yo, opino que no.

Hoy por la mañana cuando llegué al colegio, fui a buscarla y fuimos directas al cuarto de baño. Nos quedamos mirando el test – la verdad es que ni ella ni yo sabíamos como hacer un test, sinceramente era algo que nunca se me había pasado por la cabeza. Leímos las instrucciones. Ella entró y se hizo el test, había que esperar cuatro minutos. Que parecieron horas. Empezamos a hablar. Le pregunté que por qué había corrido el riesgo, porque en el fondo ya estábamos informadas. Me dijo que ella no. Que había pasado. Que ninguno de los dos tenía preservativo. Y que no pudieron parar. Le pregunté si se lo había dicho a su novio y ¡me dijo que no! Le dije que me parecía mal. Tenían que estar juntos en esto. Y que si su relación era lo suficientemente sólida como para irse a la cama, que lo tenía que ser también para hablar abiertamente sobre estas cosas. Ya sé que no todas las relaciones son así. Pero me parece rara la idea de irte a la cama con alguien con el que ni siquiera tienes confianza para hablar. Los cuatro minutos pasaron y ella y yo respiramos de alivio. ¡No estaba embarazada! ¡Ay, qué bien! En serio. Nos reímos del alivio. Hablé con ella. Le dije que no le podía volver a pasar ni una sóla vez más, que si pensaba tener una vida sexual con su novio que empezase a tomar la píldora, lo que sea. Menos volver a cometer el mismo fallo. Creo que está escarmentada. Yo sí que lo estoy. Y cada vez estoy más de acuerdo con mi principio de acostarme con alguien sólo después de la boda.

Me voy a dormir que me muero de cansancio.

16 de septiembre

Hoy le he contado a mi madre todo lo del test del embarazo. Al principio se preocupó porque tuviera amigos así y empezó a decir que a ver si había aprendido la lección y que no les siguiera el ejemplo. Evidentemente, no le comenté nada de mi decisión – se tranquilizaría demasiado y no creo que las madres deban quedarse tan tranquilas, porque si no después se creen que lo saben todo de nosotros y se ponen insoportables. Pero me parece que se ha quedado contenta con mi actitud de ayudar a T. Lo único que me dijo fue que le debía de haber dicho que se lo contase a sus padres, porque para mí era un peso demasiado grande. Los padres desvarían un poco... por lo que entendí, ella y el resto de los padres realmente se creen que si tuviéramos algún problema serían los primeros en saberlo.

¡Le dije a mi madre que ni hablar! Que después del test, si estuviera embarazada, sí que se lo aconsejaría. Pero nunca antes de saberlo. Es justo lo de "sólo lo cuento si es obligatorio". No entendió por qué. Me dijo que en estos momentos los padres eran más importantes que los amigos. Se lo intenté explicar mejor. ¡Eran adultos y punto! No me quiero ni imaginar el tener que contárselo a mis padres.

Me preguntó que si era así, ¿cómo alguien cometía semejante inconsciencia? A eso no sé responder.

Pero imagino que debe de ser difícil parar para ir a buscar protección. Mucha gente dice que se estropea el ambiente. No lo sé.

Como Bonga estuvo en casa merendando, le hablé del tema. No le conté con quién era ni la historia exacta. Sólo le pregunté qué le parecía. Lo de acostarse con alguien y tal. Me dijo que no estaba de acuerdo conmigo en lo de que fuese después de la boda. Pero que sí, que tenía que ser con alguien que le gustase muy en serio. Con alguien que sintiera que quería de verdad. Pero que la boda no le parecía importante. Me sorprendió. No me lo esperaba, pensé que no se iba a poner tan sentimental. Qué bien.

Diego pensaba lo mismo que yo, que lo mejor era después de la boda. Pero Diego ya es historia, ¡por eso no sé qué pinta aquí!

20 de septiembre

Hoy es el cumpleaños de dos amigos míos. Les he llamado a los dos. Les tengo que comprar algo. Mañana les voy a ver. Pero no sé qué comprar. Me encanta regalar cosas que sepa que a la gente le va a gustar.

Hoy he acabado mi Ghandi de barro en clase. La profesora había pedido que hiciéramos a alguien que hubiera sido importante. Decidí hacer a Ghandi, le admiro mucho. Me salió muy bien. Hoy lo he acabado y la profesora ha dicho que lo iba a meter en el horno. Pedí a todo el mundo que se despidiera de Ghandi antes de que le metieran en el horno – ¡Por mucho que haya sido un santo, la prueba del horno es muy difícil, incluso para alguien tan especial!! Se rieron todos mucho viendo a algunos despidiéndose de mi muñeco de barro. Chorradas de este tipo animan la clase.

Bueno, adiós, Ghandi. ¡Buena suerte en el horno!

25 de septiembre

No he tenido tiempo de escribir. Correr a la oficina, aguantar al socio ese que un día me lo cargo, recoger a los niños, intentar llegar a todo y a todas partes. Pobre de mi madre, ni he hablado con ella por teléfono y la verdad es que es estupenda, se ha quedado sola, y ahí sigue con su vida, sin querer molestar a nadie. Y, hablando de ella, si hubiera oído lo que su nieta me contó hace unos días, se caía de la silla como Salazar. Margarita se dedicó a hacer tests de embarazo con una amiga – mi niña que no tiene ni 15 años, los cumple en diciembre, y ya hace de consultora de planificación familiar, Dios Santo. Y la otra niña... Me quedé preocupadísima. Margarita dice que cree que no es capaz de decir que no y me pareció que ya había tenido algún susto anteriormente. Le dije que le propusiera que fuera a las consultas de sexualidad del Instituto Portugués de la Juventud o que buscase ayuda de algún especialista en esta área, o incluso en la escuela con alguna profesora que tuviera confianza, porque a lo mejor, inconscientemente, sin darse cuenta, lo que busca es llamar la atención.

Bueno, en lo que se refiere a Margarita, sólo nos queda cruzar los dedos – espero que siempre se atreva a pedirnos ayuda y, sinceramente, me da mucho, pero mucho más miedo que un hijo/a mío se meta en el mundo de las drogas, que no que tenga un hijo, que de una u otra manera saldríamos adelante.

Me comentó lo del aborto – menos mal que tiene las ideas tan claras, aunque a mí no me gusta mucho pronunciarme sobre el tema. No puedo ver el mundo tan en blanco y negro y no sé lo que haría si mi hija se quedase embarazada a los 13 o 14 años, sinceramente no lo sé. Dependería de tantas cosas. Probablemente, pesaría siempre más el hecho de haber ahí un bebé, un nieto mío, además. Pero no sé, de verdad, únicamente espero no tener que saberlo nunca.

Afortunadamente, entre medias pasan cosas divertidas y con ella, cuando está de buen humor y no está al teléfono, te mueres de la risa. ¡El otro día, Rui y yo nos ahogábamos de la risa con la descripción de sus amigos despidiéndose de Ghandi hacia la prueba de fuego! Está como una cabra.

Rodrigo está medio en la luna. Deja todo muy desordenado, está más callado, se está haciendo un adolescente. Me da mucho más miedo su adolescencia que la de Margarita – ella es más charlatana, más transparente.

Rodrigo va a ser más misterioso, me va a manipular más y yo soy fácilmente maleable con mi empeño estúpido de ver siempre a todos bien a mi alrededor. Y hay gente que se aprovecha, cuando yo en el fondo, espero que entiendan mi manera de relacionarme y que sean generosos y simpáticos, trabajadores y competentes, sin que tenga que hacer el papel de mala. Decididamente voy a tener que cambiar, porque incluso profesionalmente funciona mal. La gente parece que prefiere a los dictadores.

Me apetece tanto ir a Brasil. Sola con Rui, los dos. Esto de los hijos adolescentes es tan absorbente que hasta nos olvidamos de que tenemos marido. Si Rui leyese este diario llegaría a la conclusión de que no es mucho más que un complemento en mi vida. Y es mentira. Ya estamos juntos hace muchos años, pero yo dependo de él y es en sus brazos donde me quiero esconder cuando alguien me hace sufrir.

Basta ya de madre protectora.

Voy a escribir veinte veces «Get a Life» y luego voy a llamar a una agencia de viajes y reservar un viaje para dos. Y precisamente de eso es de lo que cada vez estoy más convencida – sólo teniendo vida propia, saliendo, estando con nuestros amigos, vamos a permitir que nuestros hijos crezcan y se vayan apartando. No hay nada peor que esos padres que creen que sus hijos son unos payasitos cuya misión en la vida es entretener y ayudarles a cubrir el vacío que existe en sus vidas y en sus relaciones. Dedicarme, con más dedicación todavía, a construir una vida propia, a mosquearme menos si el Universo entero no está todo, el mismo día, a la misma hora, en armonía. ¡Eso es lo que voy a hacer este año! Por lo menos es mejor que prometer que voy a ir al gimnasio, promesa que nunca cumplo. ¡Vamos a ver ésta!

1 de octubre

Este año mi madre, al igual que todos los otros, ha decidido hacer una lista de reglas para cumplir.

Acostarme pronto, considerándose pronto las 10 y media, que es siempre una lucha. Yo le digo que no me puedo dormir tan pronto, por eso es mejor que me quede en la sala viendo una peli o en la cama al teléfono hasta que me entre el sueño. Mi madre dice que el sueño no entra si estoy al teléfono solucionando los problemas sentimentales de mis amigos. Yo creo que me debería poder acostar a la hora que me diera la gana. La regla debía ser: No estar insoportable por la mañana. Esa es la que podría imponer. Así me quedaría despierta hasta la hora que me apeteciese y al día siguiente, sufriría las consecuencias. Así se educa.

Sobre salir por la noche, me sorprendió. Me dijo que podía salir, a discotecas o a planes de más tarde, una vez al mes. Me parece justo. Más una u otra fiesta que la convenza para que me deje. Y mi vida nocturna es perfecta. Es obvio que sigue con el interrogatorio, pero eso lo entiendo.

Uso del teléfono. Esa triste perorata ya me la sé de memoria. 40 859 pesetas de teléfono no es admisible en ningún momento del año. Y por ningún motivo (me parece justo, pero difícil).

La paga, me ha dado una tarjeta y me ingresa dinero todos los meses en una cuenta. Por mí, genial. Me lo puedo gastar como quiera y no hace falta dar explicaciones, por no comentar el hecho de estar en cualquier lado, hacerme falta dinero, ir y sacarlo. Una regla muy pero que muy sensata.

Y la Capoeira lo mismo de siempre: lunes y miércoles, entrenamiento y viernes rueda.

Bueno, este diario ya ha cumplido su cometido, ya he escrito en los márgenes de las hojas, en las esquinas y hasta en la parte de dentro de la portada. Mi padre estaría orgulloso al ver que aprovecho tan bien el papel, él que siempre está diciendo que desperdiciamos todo.

Así que hoy me voy de compras y me voy a comprar uno nuevo. ¡Con dos, sí, 2 CANDADOS!